法学求是前沿书系

苏艳英 ◎著

本书获河北省社会科学基金项目（编号HB18FX004）支持

三权分置下农地权利体系构建研究

知识产权出版社
全国百佳图书出版单位
——北京——

图书在版编目（CIP）数据

三权分置下农地权利体系构建研究 / 苏艳英著. —北京：知识产权出版社，2019.12
ISBN 978-7-5130-6625-9

Ⅰ. ①三… Ⅱ. ①苏… Ⅲ. ①农地制度—研究—中国 Ⅳ. ①F321.1

中国版本图书馆 CIP 数据核字（2019）第 264026 号

责任编辑：刘 睿 邓 莹　　　　　责任校对：王 岩
文字编辑：邓　莹　　　　　　　　责任印制：刘译文

三权分置下农地权利体系构建研究
苏艳英　著

出版发行：知识产权出版社 有限责任公司	网　　址：http://www.ipph.cn
社　　址：北京市海淀区气象路 50 号院	邮　　编：100081
责编电话：010-82000860 转 8346	责编邮箱：dengying@cnipr.com
发行电话：010-82000860 转 8101/8102	发行传真：010-82000893/82005070/82000270
印　　刷：保定市中画美凯印刷有限公司	经　　销：各大网上书店、新华书店及相关专业书店
开　　本：720mm×1000mm 1/16	印　　张：13
版　　次：2019 年 12 月第 1 版	印　　次：2019 年 12 月第 1 次印刷
字　　数：200 千字	定　　价：56.00 元
ISBN 978-7-5130-6625-9	

出版权专有　侵权必究
如有印装质量问题，本社负责调换。

序　言

农地权利是土地法律制度的核心内容，农地权利体系的构建关乎中国农村稳定、农业发展、农民权利。当前，我国农地改革如火如荼地进行，国家顶层设计了农村土地的"三权分置"。如何将政策层面的农地改革上升为法律制度，是众多农地学家研究的重要课题，本书在梳理现有土地立法规定基础上，结合相关政策，比较国内外相关规定，构建出符合新时代特色的农地权利体系，这对解决我国的"三农"问题，维护农民权益至关重要。在当前，我国农地和宅基地"三权分置"的政策背景下的农地权利体系应重构，两权分离到三权分置，既是工业化、城镇化、农业现代化进程中农地制度演化的必然，也是集体所有制下农地制度的又一次重大选择。与两权分离相比，农地三权分置的目标应当是建立一套有利于从乡土中国向城乡中国转变的土地权利体系，为中国的城乡融合和农业现代化提供制度基础。[1] 本书认为农地的归属关系、利用关系和流转关系构成农地权利体系的核心内容，构建科学的农地权利体系必须确立集体土地所有权主体，遵循着物由"所有"到"使用"的原则，在集体土地所有权基础上派生出包括物权性质的土地承包经营权、集体建设用地使用权以及地役权在内的农地之上的用益物权，同时农地使用权的抵押权也是体系构建不可或缺的内容。此外，农地权利体系是一个开放的体系，其随着经济社会的发展而不断变化，在这个动态变化过程中，新兴的农地权利将不断涌入，陈旧的土地权利将被历史淘汰。农地权利体系是以农村集体土地所有权为

---

[1] 刘守英，高圣平，王瑞民. 农地三权分置下的土地权利体系重构［J］. 北京大学学报（哲学社会科学版），2017，54（5）.

基础，派生出的土地承包经营权，集体建设用地使用权，宅基地使用权，地役权，自留山、自留地使用权和债权性农地使用权的权利体系。规范有序、逻辑严谨的农地权利构造体系，既是物权编乃至整个民法典于立法质量之追求，亦是回应土地改革、保障农民合法权益之价值归属。❶

---

❶ 陈小君. 我国涉农民事权利入民法典物权编之思考［J］. 清华法学, 2017 (2).

目 录

引言 …………………………………………………………… (1)
第一章 我国农地权利体系 …………………………………… (4)
　第一节 我国现有农地权利类型的整理 ………………… (4)
　　一、农村集体土地所有权 ……………………………… (4)
　　二、土地承包经营权 …………………………………… (5)
　　三、宅基地使用权 ……………………………………… (7)
　　四、集体土地建设用地使用权 ………………………… (9)
　　五、地役权 ……………………………………………… (10)
　　六、自留地、自留山使用权 …………………………… (12)
　　七、荒地使用权 ………………………………………… (13)
　　八、农地使用权的抵押权 ……………………………… (14)
　第二节 我国农地权利体系重构的必要性和指导思想 … (16)
　　一、我国农地权利重构之必要性 ……………………… (16)
　　二、我国农地权利体系重建之指导思想 ……………… (19)
　第三节 农地权利的域外考察 …………………………… (22)
　　一、大陆法系国家 ……………………………………… (23)
　　二、英美法系国家 ……………………………………… (31)
第二章 集体土地所有权 ……………………………………… (37)
　第一节 集体土地所有权是中国历史的选择 …………… (37)
　　一、加强农村集体土地所有权 ………………………… (37)
　　二、农村集体土地所有的性质 ………………………… (42)
　第二节 农村集体土地所有权主体明晰化 ……………… (47)

一、农村集体土地所有权主体的弱化……………………………（47）
　　二、农村土地成员集体所有与农村集体经济组织所有 ………（55）
第三节　集体土地所有权成员权的落实……………………………（69）
　　一、成员权的内涵……………………………………………（70）
　　二、成员资格的取得…………………………………………（75）
　　三、成员权的主要内容………………………………………（77）
第四节　农村集体土地所有权与"三权分置"……………………（81）
　　一、从"两权分离"到"三权分置"………………………（81）
　　二、集体土地所有权功能的嬗变……………………………（89）
　　三、健全集体所有权行使的机制……………………………（95）

第三章　三权分置背景下的农村土地承包经营权……………………（98）
第一节　土地承包经营权的法政策和法逻辑………………………（98）
　　一、土地承包经营权的发展与演绎…………………………（98）
　　二、"三权分置"权利结构的法理阐述……………………（101）
第二节　土地承包经营权的物权重塑………………………………（111）
　　一、名称之争：土地承包经营权……………………………（112）
　　二、土地承包经营权的流转：承包权与经营权……………（114）

第四章　农村集体建设用地使用权流转………………………………（129）
第一节　宅基地使用权"三权分置"………………………………（130）
　　一、宅基地使用权内涵界定…………………………………（130）
　　二、宅基地使用权流转的政策依据：宅基地"三权分置"
　　　　理论……………………………………………………（135）
　　三、宅基地使用权流转的法理依据——以"小产权房"
　　　　为例……………………………………………………（139）
第二节　集体建设用地使用权流转…………………………………（146）
　　一、农村集体建设用地使用权流转（租赁）现状…………（146）
　　二、集体建设用地使用权流转的政策依据…………………（151）
　　三、集体建设用地使用权流转的法律依据：以《土地管理法》
　　　　第63条为背景…………………………………………（152）

参考文献 ……………………………………………………………………（162）
附录1 中共中央办公厅 国务院办公厅关于完善农村土地所有权
　　　承包权经营权分置办法的意见 ………………………………（173）
附录2 中共中央 国务院关于实施乡村振兴战略的意见 …………（179）

引　言

土地是人类赖以生存的最重要的资源，是"一切生产和一切存在的源泉"。[1] 我国实行社会主义的土地公有制，土地所有权属于国家和集体，并对两种不同所有权的土地类型采取了不同的法律调整机制。比较而言，在现行法律制度下，国有土地的物权构架及其运行规则较为完备；而对集体所有土地诸物权形态及其运行模式的设计，则是我国物权立法的一个薄弱环节。[2] 但事实上，在中国历史上，农村土地制度对生产力的发展起着重要的推进作用。中国是一个拥有8亿农民的农业大国，农村的发展直接影响到全国的经济发展和政治稳定。"三农"问题是关系到我国改革开放和现代化建设全局性的根本问题，但集聚到农地法律制度层面，其实，最重要的不是农村与农业问题，而是农民问题——人的问题，可以说，在法律意义上解放农民，才有可能化解困扰农村经济发展的难题。[3] 农地权利是土地法律制度的核心内容；农地权利制度不仅牵涉农民个人，还涉及国家、集体两方利益。这三者构成了一个复杂的博弈关系。只有正确处理好这三者的关系，才能更好地把握、厘定并保护农民的利益，构筑一个以"权利"为坐标的农地法律规则体系。因此构建合理的农村土地权利体系，最大限度地保护农民的利益，成为法学理论界和实务界最为关注的问题。农地法律制度的调整对象包括土地的归属关系、利用关系和流转关系。农

---

[1] 中共中央马克思恩格斯列宁斯大林著作编译局. 马克思恩格斯选集：第2卷[M]. 北京：人民出版社，1972：109.

[2] 余能斌. 现代物权法专论[M]. 北京：法律出版社，2002：186.

[3] 陈小君，等. 农村土地法律制度研究——田野调查解读[M]. 北京：中国政法大学出版社，2004：序言.

地权利的体系化，按照物权法的内在逻辑和规律，对土地上的各种权利设计出符合理性的权利层级结构，以使不同时期、不同层级效力、散乱无章的农地利用规则，在该结构安排中确定其各自的法律地位及相应的权利内容。当前，在土地资源配置趋向市场为主，土地利用关系趋向多元化、权利化和法制化的制度建设时期，土地权利问题的研究，对于完善土地立法和改善土地管理，制定科学合理的《中华人民共和国民法典》均具有重要的意义。❶ 本书在构建我国新型的农地权利体系时，将以《中华人民共和国物权法》《中华人民共和国土地管理法》《中华人民共和国农村土地承包法》（以下分别简称为《物权法》《土地管理法》《农村土地承包法》）等相关法律法规以及国家政策的规定为依据，并结合农地调查组的相关调查研究数据，整合我国目前农地权利体系，并采取与时俱进的科学研究方法，对各项具体的权利进行改革和完善，增加其可操作性，摈弃我国现行法中不合理的法规范价值取向，贯彻农地立法的新的价值目标和功能模式，顺应时代要求，在我国农地立法中构造出科学合理的农地权利体系，在各种因素的制约下追求改革净收益最大化，力求做到对农民权益的最大保护。

对于农民集体所有权而言，其权利的实现需要相互配套的组织机构，需要对这些组织机构进行规范和设置。在此基础上构建新的农地权利体系，在构建新型农地权利体系的前提下，结合我国现行的法律法规及政策，进一步对农地的流转问题，尤其是农村土地承包经营权、宅基地使用权的"三权分置"构建以及农地建设用地使用权的合理流转等关键性和热点性问题，进行专题分析。本书认为一个科学合理的农地权利体系，必须具备权利体系内部的和谐统一。这是一个以所有权为主轴、以农地的使用权为核心的权利体系；它不仅包含实体性的具体的权利类型，还应包括权利人实施权利的程序性权利。❷ 要构建科学和谐的农地权利体系，前提是

---

❶ 王卫国. 中国土地权利研究 [M]. 北京：中国政法大学出版社，1997：4.

❷ 本书所指的农地权利主要是物权法意义上的农地权利，以农地上的各项权利之间的相互关系和效力为主线，集中讨论农地上权利体系的合理构建。

必须对现有的农地权利类型进行整理，并在正确的思想指导下设计出新型的适应社会经济发展的相对开放的农地权利体系，并在权利体系内部完善各项具体的农地权利内容。我国学者在农地权利的体系构建中，有两种模式可供选择：一种是按照农地所有权、农地使用权、农地他项权利体系构建；另一种是按照所有权与他物权的物权理论进行分类，设置了农地的所有权和农地他物权体系，他物权具体又包括农地的用益物权和农地的担保物权。本书认为，以上两种不同的类型化研究，在表述和分类依据上不同，但是在本质上并无太大的区别，用益物权和担保物权即是在农地所有权的基础上衍生出的权利，是从农地的使用价值和交换价值的不同角度而设置的；这两种他物权类型均是对农地的使用，与农地使用权是相通的。本书主要采用《物权法》的编纂体例，采用所有权与他物权的类型划分，他物权划分为担保物权和用益物权的体系进行研究，构建以集体土地所有权为基石的三层级结构：所有权—用益物权—担保物权，"在集体土地所有权上，应明晰土地在法律上的静态归属，即农民集体的所有权主体地位及与之有关的物权法律规范构成；为保护对土地的利用效用在法律上的动态实现，设计与利用农地的使用价值有关的用益物权制度，与利用农地的交换价值有关的担保物权制度，上述三者共同构成农地物权制度的三大支柱"。❶ 由于篇幅所限，本书重点就农地权利中所有权和用益物权进行研究，农地的担保物权将在后续进行研究和写作。

---

❶ 梁慧星. 中国物权法研究（下册）[M]. 北京：法律出版社，1998：581.

第一章 我国农地权利体系

第一节 我国现有农地权利类型的整理

农地即农村土地的简称，它的范围既包括《农村土地承包法》第2条所规定的具有农业用途的土地，还包括具有农村建设用途的土地。[1] 我国现有的农地权利类型主要散见于相关法律法规中，形成了以《物权法》规定为核心、以《土地管理法》和《农村土地承包法》为补充的格局。经过认真分析和整理，笔者认为我国目前存在的农地权利类型主要包括以下几种。

一、农村集体土地所有权

农村集体土地所有权，是农地权利体系中最为核心的权利，可谓建构农地权利体系的基石。农村集体土地所有权作为一种独立的权利类型在我国法律中有明确的规定。《中华人民共和国宪法》（以下简称《宪法》）第10条第2款规定："农村和城市郊区的土地，除由法律规定属于国家所有以外，属于集体所有；宅基地和自留地、自留山，也属于集体所有。"《土地管理法》第2条规定："中华人民共和国实行土地的社会主义公有制，即全民所有制和劳动群众集体所有制。"第8条规定："农村和城市郊区的土地，除由法律规定属于国家所有的以外，属于农民集体所有；宅基

---

[1] 《农村土地承包法》第2条规定："本法所称农村土地，是指农民集体所有和国家所有依法由农民集体使用的耕地、林地、草地，以及其他依法用于农业的土地。"

地和自留地、自留山，属于农民集体所有。"第10条规定："农民集体所有的土地依法属于村农民集体所有的，由村集体经济组织或者村民委员会经营、管理。"《物权法》在其第2编第5章国家所有权和集体所有权、私人所有权中对农村集体土地所有权进行详细规定，❶ 并以列举的方式对集体所享有的动产和不动产进行了规定。可见在我国，农村集体土地所有权类型的存在是一个不争的事实。但是遗憾的是，对农村集体土地所有权的主体以及权利行使缺乏系统性的法律规定，在实践中导致了农村集体所有权主体"虚化"，国家公权力对私权利的干涉和吞噬，集体所有权在实践中已经被严重弱化。针对这种状况，有的学者提出在我国应该以其他土地所有权类型来取代农村集体所有权。在农地权利体系构建中，农村集体土地所有权类型存废成为亟待解决的问题。

二、土地承包经营权

土地承包经营权其目的是农林牧渔业生活经营并取得收益，是土地承包经营权人对其依法承包的土地享有的占有、使用和收益的权利。这种权利在我国经历了长期的历史发展，产生于我国的家庭联产承包责任制，是农村经济体制改革后的产物，也是农民对土地进行经营管理的一类权利。在我国立法中，首次确认土地承包经营权的是1986年《中华人民共和国民法通则》（以下简称《民法通则》），将土地承包经营权规定为"与所有权有关的财产权"，并在其第80条第2款规定："土地承包经营权是公民和集体经济组织依法对集体所有或者国家所有由集体使用的土地所享有的承包经营的权利"。2002年制定《农村土地承包法》，对农村土地承包经营权进行详细的规定。《土地管理法》再次确定了这一权利，在第14条

---

❶ 《物权法》第58条 集体所有的不动产和动产包括：
（一）法律规定属于集体所有的土地和森林、山岭、草原、荒地、滩涂；
（二）集体所有的建筑物、生产设施、农田水利设施；
（三）集体所有的教育、科学、文化、卫生、体育等设施；
（四）集体所有的其他不动产和动产。
第59条第1款 农民集体所有的不动产和动产，属于本集体成员集体所有。

第1款规定："农民集体所有的土地由本集体经济组织的成员承包经营，从事种植业、林业、畜牧业、渔业生产。土地承包经营期限为三十年。发包方和承包方应当订立承包合同，约定双方的权利和义务。承包经营土地的农民有保护和按照承包合同约定的用途合理利用土地的义务。农民的土地承包经营权受法律保护。"以上几部法律将土地承包经营权视为债权性质的权利。2007年颁布的《物权法》在第12章以专章规定了土地承包经营权，并确立了土地承包经营权的用益物权性质。

由于以上几部法律对农村土地承包经营权性质规定不一，导致对其法律性质之争，在学界形成了债权说和物权说两种截然不同的观点。坚持债权说的学者以《土地管理法》以及《民法通则》第80条第2款规定为依据，❶认为农村土地承包经营权系基于合同约定而产生的权利，当事人双方的权利和义务由合同约定，显然，土地承包经营权的效力和内容均由当事人约定，而非法律直接规定。而物权法为保持物权体系的完整性与稳定性，确保交易安全，奉行的是物权法定原则，即物权的种类、内容、效力、变动要件等由法律直接规定，不允许当事人自行创设。从这里分析，则土地承包经营权又是债权无疑。❷土地承包经营权不具有对抗第三人的效力，承包经营权方要转让其承包经营权必须经发包方同意。这正是债权性质的典型表现。而持"物权说"观点的学者认为，土地承包经营权是以对物的占有、使用和收益为内容的权利，在性质上属于对物的支配权。并且在《物权法》中，农村土地承包经营权是置于第3编用益物权之下的一种权利，根据其第127条和第128条的规定，承包人在承包期内转让其承

---

❶ 《民法通则》第80条第2款规定："由集体使用的土地的承包经营权，受法律保护。承包双方的权利和义务，依照法律由承包合同规定。"

❷ 高富平.土地使用权和用益物权——我国不动产物权体系研究［M］.北京：法律出版社，2001：381.

包经营权的不必经过发包方同意,这正是物权对抗效力的突出表现。❶ 而关于农村土地承包经营权到底是债权还是物权,学界争论的理由远不止这些,这主要是由我国土地承包经营权的各种法律规范相互之间冲突导致的。因此,在构建科学合理的农地权利体系时,必须厘清农村土地承包经营权的性质,对其权利内容和效力进行了规定。另外在法学界,对农村土地承包经营权的称谓形成不同意见,有人主张应以传统大陆法系中的永佃权或者是农地使用权来取代土地承包经营权。这些均为在农地权利体系构建中不得不考虑的问题。

三、宅基地使用权

宅基地使用权,是我国特有的一种用益物权形式,是农民因建设住宅而使用集体土地所形成的土地使用权。宅基地使用权是与农村集体经济组织成员的资格紧密地联系在一起的,在一定程度上具有社会福利和社会保障功能,且包含宪法所赋予农民之生存权这一重要内容。中华人民共和国成立后,我国农村土地经历了农民私人所有制和农村集体经济组织集体所有制两个阶段,农村宅基地也经历了从农民私人所有到集体所有的历史性变化。对农村宅基地制度作出明确规范的是 1962 年 9 月 27 日中共第八届中央委员会第十次全体会议通过的《农村人民公社工作条例修正草案》(俗称"六十条")。❷ 我国 1982 年《宪法》第 10 条从根本上对宅基地所有权进行规定。❸《物权法》明确肯定了宅基地使用权的物权属性。其中,

---

❶ 《物权法》第 128 条规定,土地承包经营权人依照农村土地承包法的规定,有权将土地承包经营权采取转包、互换、转让等方式流转。流转的期限不得超过承包期的剩余期限。未经依法批准,不得将承包地用于非农建设。第 129 条规定,土地承包经营权人将土地承包经营权互换、转让,当事人要求登记的,应当向县级以上地方人民政府申请土地承包经营权变更登记;未经登记,不得对抗善意第三人。

❷ 高富平. 土地使用权和用益物权——我国不动产物权体系研究 [M]. 北京:法律出版社,2001:442.

❸ 《宪法》第 10 条第 1 款和第 2 款规定:"城市的土地属于国家所有。农村和城市郊区的土地,除由法律规定属于国家所有的以外,属于集体所有;宅基地和自留地、自留山,也属于集体所有。"

把"宅基地使用权"作为独立的一章加以规范，对宅基地使用权人的权利以及宅基地使用权的取得、转让以及权利的终止作出规定。以上法律规定构建了我国宅基地使用权的基本规则。《物权法》虽然在立法中凸显了对宅基地使用权的关注和重视，但是对宅基地使用权规定过于原则化，将其重要的法律规范赋予了土地管理法等相关法律规定，这不能不说是《物权法》的一个立法遗憾。在学理中一般认为，我国宅基地使用权有以下几个特征。

第一，宅基地使用权的身份性。通过我国相关法律规定，我们不难推测出立法者的意图，就是尽量地保护农村耕种土地面积，严格限制农村宅基地用作他途，对申请农村住宅建设的主体进行身份上的限制，即只有农村集体经济组织的成员才有权申请宅基地，每一个集体成员都可以以自己或者用户的名义申请宅基地，集体组织之外的成员无权向村集体组织申请宅基地。可见，在我国，农村宅基地使用权制度中是以农民的身份作为取得条件的。

第二，宅基地使用权的无偿性、一户一宅性。由于农村宅基地与集体经济组织成员的资格联系在一起，宅基地在一定程度上具有福利和社会保障的功能。农村宅基地具有一定的福利性质，这种福利主要表现在农民能够廉价取得宅基地，获取基本的生活条件，这也是农村居民和城市居民相比较享有的最低限度的福利。因为提供了宅基地，农村居民享有了基本的居住条件，从而维护了农村的稳定。由于宅基地具有福利的性质，集体经济组织的成员获得宅基地大多是无偿的或者只要支付较低的代价就可以获得，而不可能按市价购买。[1] 由于农村居民取得宅基地具有无偿性，因此集体经济组织的成员只能申请一处宅基地，《土地管理法》第62条第1款规定："农村村民一户只能拥有一处宅基地，其宅基地的面积不得超过省、自治区、直辖市规定的标准。"这是因为土地资源的有限性，不可能给每个农村居民提供更多的宅基地。而每户申请到一处宅基地，即足以保证其基本的生活需要；如果允许申请多处，则将导致土地资源的浪费。

---

[1] 王利明. 物权法研究 [M]. 北京：中国人民大学出版社，2002：474.

第三，宅基地使用权的有限流转性。土地资源的有限性以及宅基地使用的无偿性，造成了立法上对宅基地使用权转让的限制性规定。宅基地使用权即是农民使用集体经济组织所有土地的权利。《土地管理法》第63条规定："农民集体所有的土地的使用权不得出让、转让或者出租用于非农业建设；但是，符合土地利用总体规划并依法取得建设用地的企业，因破产、兼并等情形致使土地使用权依法发生转移的除外。"我国现行法中对宅基地使用权的转让采取的是严格限制的立法模式，仅允许宅基地使用权的可继承性，对继承以外的其他流转方式如买卖、出租和抵押是严格禁止的。但是又在立法中规定，因地上的房屋的买卖而转让宅基地使用权却是允许的。这造成了对同一权利立法不同规定的局面。

宅基地使用权的上述特征在实践运用中出现了诸多弊端，在一定程度上限制和阻碍了农村经济的发展，也引发了一系列社会问题，"小产权房"纠纷就是其典型代表。为此宅基地使用权再次成为法学界密切关注的对象；宅基地使用权何去何从，也成为一个亟待解决的问题。

四、集体土地建设用地使用权

农村集体所有的土地按照其用途，可分为农用地和非农用地。集体建设用地使用权是与农村土地承包经营权相区别的权利形态，是农村集体土地用于非农业用途建设。对农村集体土地的建设使用首次进行规定的是《土地管理法》，该法第43条第1款规定："任何单位和个人进行建设，需要使用土地的，必须依法申请使用国有土地；但是，兴办乡镇企业和村民建设住宅经依法批准使用本集体经济组织农民集体所有的土地的，或者乡（镇）村公共设施和公益事业建设经依法批准使用农民集体所有的土地的除外。"按照《土地管理法》的规定，农村集体土地的建设用地使用权按其用途主要包括两种：公益性集体建设用地使用权和商业性集体建设用地使用权。公益性集体建设用地主要是用于兴建农村的公共设施，包括道路、桥梁、农村排水设施以及电力设施等；商业性集体建设用地主要表现为营利性，具体包括兴办乡镇企业以及农副产品加工生产的商业用地。其具备以下几个特征。

第一，集体建设用地使用权的主体为农民和农村集体经济组织。农村集体建设用地使用权的主体只包括两类：农民个人和农村集体经济组织。《土地管理法》第43条对集体经济组织的土地范围进行了限定，即"本集体经济组织的土地"，可见非本集体经济组织成员被排除在外；另外，在该法第60条明确划定了营利性的集体建设用地使用权主体，即农村集体经济组织。

第二，集体建设用地使用权的客体为乡村非农建设土地。所谓乡村非农建设土地，是指建设乡镇企业所用的土地、乡（镇）村公共设施和经办公益事业所用的土地以及农村村民建造住宅所用的土地的总称。❶

第三，集体建设用地使用权的内容包括公益性建设用地使用权和商业性建设用地使用权。按照《土地管理法》的规定，宅基地使用权附属于农村集体建设用地使用权，是农村集体公益建设用地使用权的下位权利类型。

而2007年颁布的《物权法》对集体建设用地使用权没有明确规定，仅在第151条规定："集体所有的土地作为建设用地的，应当依照土地管理法等法律规定办理。"《物权法》的其他条文没有涉及农村集体建设用地问题。《物权法》第135条所指的建设用地使用权仅指的是使用"国家所有的土地"，并在用益物权编用独立的一章对宅基地使用权进行规定。可见，在集体建设用地使用权问题上，《物权法》和《土地管理法》采取完全不同的立法态度。《物权法》上的建设用地使用权是狭义的建设用地，其客体仅为国家所有的土地；从其单独规定宅基地使用权可见一斑。

目前对农村集体土地的非农业用途，不同法律之间规定不一。在农地权利立法体系的构建中，合理地处理宅基地使用权与建设用地使用权的关系成为一个不可回避的问题。

五、地役权

在我国立法过程中，对地役权制度首次进行规定的当属《物权法》，

---

❶ 屈茂辉. 用益物权制度研究［M］. 北京：中国方正出版社，2005：335.

该法以专章形式对地役权进行了详细的规定。所以从严格意义上讲，在《物权法》颁布实施以前，我国是不存在地役权的。《物权法》在第162条规定："土地所有权人享有地役权或者负担地役权的，设立土地承包经营权、宅基地使用权时，该土地承包经营权人、宅基地使用权人继续享有或者负担已设立的地役权。"可见，在农村集体所有的土地上存在地役权权利类型。

地役权是为了利用自己的土地的利益而使用他人土地的用益物权。地役权与土地利用不可分离。地役权是任何国家都存在的物权制度；它不仅存在于大陆法系，也存在于英美法系。地役权一般涉及两块土地，并且两块土地分别属于不同的所有权人或使用权人，为自己土地便利而使用他人土地的土地成为需役地，为他人土地提供便利的土地成为供役地。所以，地役权实际上是需役地和供役地之间的关系。根据地役权产生的法律基础是法律规定还是双方当事人约定，地役权主要有两种：一种是因土地之间的自然地理位置产生的地役，即法定地役权；另一种是当事人之间通过协议方式约定供役地和需役地之间的关系，即约定地役权。由于约定地役权产生于当事人双方的合意，因此对于两块土地之间的自然位置没有特别要求，即不以土地相邻为限；相反，以法律直接规定方式为某块土地设定供役地义务，必须以某种原因存在为前提，就是两块土地之间必须相邻或者邻近。进一步分析就是法定地役权产生于相邻的土地之间；而约定地役权则既可以产生于相邻的不动产之间，也可以产生于不相邻的土地之间。前者所言的法定地役权类似于物权法领域的相邻关系，因此产生了将相邻关系纳入地役权中的立法模式，以法国为代表。而我国《物权法》所言的地役权即约定地役权，在该法第157条、第158条以及第159条规定地役权是因合同而产生。相邻关系不包括在内，将相邻关系纳入所有权编之下在《物权法》的第7章作出了规定。由于地役权和相邻关系之间存在千丝万缕的联系，他们在调整土地之间功能的相似性导致了地役权废除论。笔者认为地役权和相邻关系在调整土地关系以及社会功能方面存在很大的差异性，因此，不但不能废除地役权，反而在农地权利体系中需进一步强化其调整功能。

六、自留地、自留山使用权

自留地、自留山是我国农村土地制度中独特的地产权。其产生于中国计划经济体制之下,是在进行农业、农村社会主义改造、推进合作过程中,土地由农民私有转化成公有后遗留给农民的可以自由支配的一类土地使用形式,是农村集体经济组织分配给农民个人使用的少量的土地和山坡地或山岭地,农民个人具有使用权,和家庭联产承包责任制一起成为农民对农村土地的分散利用产权方式。农户经营自留地、自留山是一项家庭副业,可以充分利用剩余劳动力和劳动时间,生产各种农副产品,满足家庭生活和市场需要,增加收入,活跃农村经济。在产生之初很大程度上调动了农民生产的积极性,促进了农村经济的发展,自留地、自留山生产也成为集体经济的必要补充。

自留地、自留山的所有权和使用权问题在中国历史上几经变化:最初是以农民私有的形式遗留下来的,在以后的人民公社化运动中一些地方又将自留地、自留山收归集体,1960年以后逐步恢复。1981年3月,中共中央、国务院转发国家农业委员会《关于积极发展农村多种经营的报告》中规定,可因地制宜,适当扩大自留地、饲料地、开荒地的数量,最多不超过当地耕地面积的15%。同时还规定有柴山和荒坡的地方,可划拨适当数量的自留山,以鼓励农民植树造林。在牧区,集体牧民可划拨小片自留草场,用于饲养一定数量的自留畜。自留地、自留山和自留草场均属于集体所有,其成员只有使用权,不得出租、转让或买卖,也不得擅自用于建房等非农业生产用途。自留地生产的产品归农民自己支配,国家不征农业税。自留畜也归牧民所有和支配,在各地规定的免征点以内不征税、不派购。自留地、自留山、自留草场的经营权受国家保护,不得随意侵占。1982年颁布的《宪法》第10条规定:"农村和城市郊区的土地,除由法律规定属于国家所有的以外,属于集体所有;宅基地和自留地、自留山,也属于集体所有。"至此,自留地、自留山所有权和使用权进一步明晰化,所有权仍归集体经济组织,农民对自留地、自留山只享有使用权。目前除了《宪法》对自留地、自留山有所规定外,其余法律很少涉及。《物权法》仅在第 184 条第 2 款有关抵押制度规定时涉及自留地、自留山问题，将之确定为不得抵押的财产，对于农民对自留地和自留山的使用和经营未作规定。法学界学者也很少探讨这个问题。可以说立法上对自留地、自留山使用权的规范几乎是一片空白。因此应该对自留地、自留山的使用权进行研究和定位，将其纳入农地权利体系中。

七、荒地使用权

荒地，在我国有的地区称为"四荒"，即荒山、荒坡、荒沟和荒滩。严格来说，荒地不是一个规范的法律术语，而是一个习惯用语。[1] 笔者理解的荒地即为那些可利用但尚未开发利用的土地。在我国整个可利用的土地资源中，存在已利用土地和未利用土地之分。对于那些已经开发利用的土地，国家用法律进行了规范；而对于那些具有极大开发和利用价值的荒地，目前没有一套完整的法律制度进行规范。

在我国法律中，首次对荒地问题进行规定的是《宪法》。该法第 9 条规定："矿藏、水流、森林、山岭、草原、荒地、滩涂等自然资源，都属于国家所有，即全民所有；由法律规定属于集体所有的森林和山岭、草原、荒地、滩涂除外。"但《宪法》只对荒地的所有权问题进行了规定。根据《宪法》的规定，荒地所有权主体有两类，即国家和集体组织，除此之外的其他任何的自然人、法人和社会组织均不具有荒地所有权的资格。遗憾的是，《宪法》对荒地的使用问题未作规定，对于哪些主体可以通过什么手段和途径取得荒地使用权以及如何进行开发和使用未作进一步规定。在实践中导致荒地使用问题无法可依。1986 年颁布的《土地管理法》再次对荒地问题进行规定。其在《宪法》规定的基础上，对荒地开发和使用问题作了扩展性规定。第 40 条规定："开发未确定使用权的荒山、荒地、荒滩从事种植业、林业、渔业生产的，经县级人民政府依法批准，可以确定给开发单位或个人长期使用。"虽然这一条文也过于原则性，但总

---

[1] 高富平. 土地使用权和用益物权——我国不动产物权体系研究 [M]. 北京：法律出版社，2001：554.

是对荒地使用权的一个立法突破。虽然两部法律在对荒地的称谓上存在差异，《土地管理法》中的荒地只包括荒山、荒地和荒滩；但是在荒地问题上称谓不是最为关键的问题，因为荒地是个笼统的概念，即指那些具有开发和利用价值的后备土地资源。对荒地使用权规定具有划时代意义的是《物权法》。在《物权法》的用益物权编土地承包经营权一章中对荒地的承包使用进行了规范。❶ 荒地将以土地承包方式取得，并在承包期内可以以转让、入股、抵押或者以其他方式流转。笔者认为，《物权法》将荒地纳入可承包的农地中，既符合中国农村经济发展状况，也利于荒地的开发和利用。

八、农地使用权的抵押权

担保物权在我国《担保法》中作了具体规定，法律规定的担保方式主要有抵押权、质权和留置权三种。土地的不动产属性和担保物权的分类标准，决定了抵押权是土地担保物权的基本形式。❷ 目前对农地使用权抵押进行法律规范的只有《中华人民共和国担保法》（以下简称《担保法》）和《物权法》。本着对国家和集体土地进行保护的原则，我国两部法律均对农地使用权的抵押采取非常慎重的立法态度，对农地使用权的抵押进行严格限定，仅有条件地允许农地使用权抵押。我国法律对农地使用权的抵押权有两种规定方式。一是以法律的形式明确规定哪些集体土地使用权不能设定抵押，如在我国《担保法》第37条不得抵押的财产中的"（二）将部分耕地、宅基地、自留地、自留山等集体所有的土地使用权，排除在可以设定抵押权范围之外；同时在《物权法》第184条规定："下列财产不得抵押……（二）耕地、宅基地、自留地、自留山等集体所有的土地使用权，但法律规定可以抵押的除外；"在这种禁止方式中有一个问题不得

---

❶ 《物权法》第133条规定："通过招标、拍卖、公开协商等方式承包荒地等农村土地，依照农村土地承包法等法律和国务院的有关规定，其土地承包经营权可以转让、入股、抵押或者以其他方式流转。"

❷ 余能斌. 现代物权法专论［M］. 北京：法律出版社，2002：19.

不提到，那就是我国的"房地一体主义"在农地使用权抵押中的运用。由于我国历来采取"房随地走，地随房走"的原则，农村土地上的建筑物所有权或者是使用权进行变动的时候，建筑物占有范围内的土地使用权随之发生变动。具体到抵押制度而言，乡镇、村企业的建设用地使用权不得单独抵押。以乡镇、村企业的厂房等建筑物抵押的，其占用范围内的建设用地使用权一并抵押。这在我国《担保法》的第36条和《物权法》第183条均有规定。❶也就是说，对于农村集体建设用地使用权不能单独设定抵押权；除非是土地之上的建筑物设定抵押时，才能以集体建设用地使用权设定抵押。还有一种方式就是在立法中明确规定可以抵押的农地使用权类型。正如上文所述，因为国家对农村集体土地使用权的立法态度，所以实际上可以设定抵押权的农地使用权类型比较少，主要是"四荒"土地使用权。这在《担保法》第34条第（5）项和《物权法》第180条第（3）项均有规定。❷

综上，耕地、宅基地、自留地、自留山等集体所有的土地的使用权原则上不能设定抵押。笔者认为这种观点值得商榷。在商品经济发展的今天，担保已经成为重要的融资手段，如果再严格限定农地使用权的抵押，则在一定程度上会削减农民致富和农村经济发展的力度。在农地权利体系构建中，农地使用权抵押是值得进一步进行探讨的问题。

---

❶《担保法》第36条第3款规定："乡（镇）、村企业的土地使用权不得单独抵押。以乡（镇）、村企业的厂房等建筑物抵押的，其占用范围内的土地使用权同时抵押。"《物权法》第183条规定："乡（镇）、村企业的建设用地使用权不得单独抵押。以乡（镇）、村企业的厂房等建筑物抵押的，其占用范围内的建设用地使用权一并抵押。"

❷《物权法》第180条债务人或者第三人有权处分的下列财产可以抵押中的第（3）项规定："以招标、拍卖、公开协商等方式取得的荒地等土地承包经营权。"《担保法》第34条下列财产可以抵押中的第（5）项规定："抵押人依法承包并经发包方同意抵押的荒山、荒沟、荒丘、荒滩等荒地的土地使用权。"

第二节　我国农地权利体系重构的必要性和指导思想

一、我国农地权利重构之必要性

通过对我国目前农地权利类型的整理，发现我国现行法规定的农地权利正处于一个成长发展的过程，其内部有很大的发展空间。存在于各个不同法律规定中的农地权利是我国历史发展的产物。它不仅受20世纪50~70年代的政治、经济以及文化传统的影响，而且是我国农村经济体制改革的映射；它反映了我国的经济体制、立法体制、民法理论的研究水平以及立法指导思想。客观地讲，我国现行的农地权利对促进和保障农村经济稳定和农民发展起到了一定的推动作用。如在高度集中的计划经济体制下产生的"包产到户"形式的家庭联产承包责任制在很大程度上解放了农村生产力，提高了农民生产的积极性，促进了农村经济发展。但是，诸多农地权利类型产生的时代局限性致使现行的农地权利类型存在诸多的弊端和缺陷。我们应该正视这些缺陷，尤其必须结合当下我国农地改革的相关政策对现有的农地权利进行改造和完善，以期建立更为合理的农地权利体系。我国现行农地权利存在以下几个方面的问题。

第一，立法概念欠准确。综上，在我国现行的法律法规以及规章包括司法解释都有关于农地权利的规定，如《宪法》《民法通则》以及民事特别法《物权法》《土地管理法》《农村土地承包法》，等等。而这些众多的法律之间对农地具体权利的称谓上存在巨大差异，导致了法学界以及司法实务界诸多争议。如在集体所有这一问题上，立法之间对集体所有权的主体使用了不同的称谓，这也是造成集体所有权淡化和虚位的一个重要原因。我国1982年《宪法》第10条第2款规定："农村和城市郊区的土地，除由法律规定属于国家所有的之外，属于集体所有，宅基地和自留地、自留山也属于集体所有。"1986年《民法通则》第74条第2款规定："集体所有的土地依照法律属于村农民集体所有，由村农业生产合作社等农业集体经济组织或者村民委员会经营、管理。已经属于乡（镇）农民集体经济组织所有的，可以属于乡（镇）农民集体所有。"《土地管理法》第10条规定："农民集体所有的土地依法属于村农民集体所有的，由村集体经济组织或者村民委员会经营、管理；已经分别属于村内两个以上农村集体经济组织的农民集体所有的，由村内各该农村集体经济组织或者村民小组经营、管理；已经属于乡（镇）农民集体所有的，由乡（镇）农村集体经济组织经营、管理。"在上述的规定中，分别使用了几个不同的称谓："集体所有""农民集体所有""农业集体经济组织所有""村农民集体所有""乡（镇）农民集体所有"等。正如余能斌教授所言，这引发了法学界关于"集体所有"性质的争论。❶ 众所周知，"乡（镇）农民集体所有"和"乡（镇）农村集体经济组织所有"所指的范围是不同的："农民集体所有"指的是农村土地所有权主体为全体农民；而"农村集体经济组织所有"指农村土地的所有权主体不是农民集体，而是农村中的集体经济组织。很显然，不同的用语指代了农地不同所有权主体，这造成在司法实践中运用法律的时候必须尽可能地去猜测立法者的用意，在现实生活中最为严重的后果就是农村集体经济组织滥用权利损害农民个体利益，国家公权力对私权的侵害。因此，对农地权利有整合重建之必要。

第二，不同权利类型之间缺乏逻辑性和层次性。通过整理我国法律规定中现存的农地权利类型，发现我国农地之上的确存在一个非常庞大的农地权利群。通过进一步地梳理，发现这些称谓不同的权利类型，虽然存在性质差异，但是某些权利类型之间在本质上没有任何差别，如果其并列存在于同一标的物——农地上，则会造成农地权利类型内部缺乏和谐。和谐是构建农地权利体系必备的前提。由于和谐不是从数量上来说的，而必须意味着体系性的秩序；所以仅仅有一种物权体现出和谐尚不符合和谐原则的要求，必须是整个物权制度呈现出体系性，才可称得上和谐。❷ 因此一个和谐的农地权利体系不单是独立的农地权利类型的和谐，而是整个农地权利类型之间的和谐。我国目前的农地权利缺乏的就是这个和谐性，不同

---

❶ 余能斌. 现代物权法专论 [M]. 北京：法律出版社，2002：187.
❷ 崔建远. 土地上的权利群研究 [M]. 北京：法律出版社，2004：178.

权利类型之间关系比较混乱，相互之间的效力层次不清。这突出表现在宅基地使用权和建设用地使用权之间，以及土地承包经营权和自留地、自留山使用权和"四荒"土地使用权之间。笔者将在下文对此问题展开详细探讨。在农地权利体系的构建中，将对宅基地使用权以及自留地、自留山使用权和"四荒"土地使用权重新定位。

第三，权利内容和效力残缺不全。经济基础决定上层建筑；法产生有其特殊的社会生活背景，法来源于社会，服务于社会。我国现存的农地权利内容随着社会经济生活的变迁，也不断地丰富和健全。但是某些重要的农地权利在立法中规定得过于原则或者严格限制了权利人权利的行使，在司法实践中引起了诸多问题。突出表现在宅基地使用权和土地承包经营权类型上。《物权法》仅用了四个条文规定了宅基地使用权问题，将宅基地使用权的取得、行使和转让等法律的权利赋予了具有公法性质的《土地管理法》。《土地管理法》第63条规定："农民集体所有的土地的使用权不得出让、转让或者出租用于非农业建设；但是，符合土地利用总体规划并依法取得建设用地的企业，因破产、兼并等情形致使土地使用权依法发生转移的除外。"从《土地管理法》的规定足见我国严格禁止宅基地使用权的买卖以及抵押。但是近年来悄然兴起的"小产权房"却打破了这种立法局面，2008年发生在北京的"宋庄画家村房屋买卖纠纷案"引起了很大的社会反响；如果一再严格限制农村宅基地使用权的买卖和抵押等流转方式，类似的社会纠纷案还会层出不穷。因此，有必要对现行的宅基地使用权的权利内容进行整合，以尽快适应社会经济发展。同样的问题也存在于土地承包经营权中。虽然《物权法》相比较《土地管理法》和《农村土地承包法》这两部法律，对农村土地承包经营权采取了更为开放的立法态度，不但首次赋予了土地承包经营权物权性和对抗效力，还逐渐放松了承包经营权的流转条件，在承包期内承包方转包的不需要经发包人同意；但是，《物权法》仍然没有突破《土地管理法》和《农村土地承包法》的局限性，除"四荒"土地承包经营权可以抵押外，其他的农村土地承包经营权限制抵押。

二、我国农地权利体系重建之指导思想

农地权利体系的整理和设计是从立法理论的角度进行阐述的。既要尊重现有法律规定，又要高瞻远瞩审视社会现实，在体系构建时遵循以下思路进行，力求使设计在符合我国实际的前提下达到完美：既促进土地等有限资源的有效率使用，减少交易成本，又实现公平正义及权利的社会化。几项价值妥当衡量，不得妄加偏重。[1] 农地权利体系的重构就是对现行农地权利类型进行完善的过程。其既有对单个农地权利类型的完善，涉及其名称、权利行使方式、权利内容等，也包括对现存农地权利类型整体内部关系的梳理，力图使各个权利类型之间相互协调和完整。要完成以上工作，必须首先确立科学合理的基本指导思想。笔者认为这些基本的指导思想包括以下几点。

第一，确认和保护农民权益。讨论农民的权益问题不能就权益言权益或就农言权益，而是要跳出狭隘的权益和"三农"领域，在更宏观的环境当中，用大视野来全面综合地审读；求解权益问题既要立足于权益本身，也要在法律中予以规定，把农民的权益以法律的形式固定下来。具体到农地权利体系构建中，就要把保护农民权益置于第一位考虑。在综合其他因素的基础上，力图使权利类型的设计更符合农民的利益。如在构建宅基地使用权时，就要在保护农村耕地面积的前提下，以保护农民利益为出发点。农村房屋对大多数农民来说是价值最大的一项财产。宅基地使用权是农民基于其身份而取得的一项重要权利。从某种程度上说，宅基地使用权是对农民长期受到城乡差别对待的一项补偿。因此，宅基地使用权作为农民重要的财产权益，应当对其进行科学、合理的设定。但需要特别注意的是，保护不是限制，限制达不到保护的目的。宅基地使用权作为一项用益物权，特别是与农民房屋所有权联系在一起的一项财产权利，不适当地限制，不仅会对该项权利的物权属性造成损害，也会对农民享有的房屋所有权造成损害。因此可以考虑如有条件的允许宅基地使用权流转：一方面可

---

[1] 崔建远．土地上的权利群研究［M］．北京：法律出版社，2004：201.

以扩大农民的融资手段;另一方面也会促进农村经济的发展,实现农村城市化,保护农民权益。土地承包经营权的物权化也正是保护农民权益的典型表现,这将在下文中详细阐述。

第二,尊重我国国情。不像其他民事权利制度,农村土地权利制度具有强烈的中国特色;并且历史实践表明,农村土地问题处理不好就会导致社会动荡。因此,农村土地权利构建必须立足中国国情,深入到中国社会的各层面去扎实地考察分析。为此笔者深入到中国广大农村进行详细调研,掌握第一手资料,了解农民最为关注的和影响农村经济发展的诸多问题。这为农地权利体系的构建提供了良好的素材。在农地权利体系研究中要充分考虑中国的具体情况,尤其是我国公有制的国情。在我国农地土地资源是属于农民集体所有的,权利类型必须也只能在土地公有的基础上设置。如关于土地承包经营权,很多学者认为应该以"永佃权"取而代之,笔者认为实为不妥。虽然我国现行法中的土地承包经营权在权利内容和行使上类似于西方大陆法系国家中的永佃权,但是,土地承包经营权是我国历史发展的产物,在中国已经存在了几十年,是中国农民和立法者集体智慧的结晶。实践证明这一制度对促进农村经济发展和农民富裕作出了不朽的贡献,而永佃权是产生于罗马法时期的土地私有制基础上的。现在的一些英美法系国家仍然采纳这个权利类型,这是符合他们国家的土地私有制度的。永佃权在我国封建时期曾经存在过,在农民心中它是剥削制度的代表,是不平等的代名词。如果在我国农地中以永佃权取代土地承包经营权,恐会引起广大农民的不满,他们从情感上难以接受,所以我们不能盲目地借鉴西方国家的立法经验而脱离中国的国情。

第三,正确对待现行法和政策规定。任何一项法律制度的确立和完善,都有其相应的制度基础,无论是经济的还是政治文化的。因此在我国农地权利体系重建中必须以现行法律规定为依据,不能抛开现行法。尽管我国还没有完善的农地权利体系,但现行法中不乏农地权利的相关规定,而且有些规定是行之有效的。目前对农地权利进行规范的主要有《宪法》、《物权法》、《土地管理法》以及《农村土地承包法》等。在这几部法律中,相比较而言《物权法》对农地权利规定得较为成熟,权利类型比较完备，权利内容比较详细。因此在权利体系重构时，我们主要以《物权法》的规定为蓝本，在所有权制度之下设置用益性质的物权和担保性质的物权，再根据《物权法》的立法模式设置它们的下位权利类型。因此，在构建农地权利体系时，就不能隔断现行农地权利与构建体系之间的联系，完全抛开现行的农地权利法律概念和制度。在继承中扬弃，在吸收中进步，这有利于法律的衔接和人们对法律的理解和接受。

目前我国农地改革进入到成熟试点阶段，中央政府相继出台一系列的改革措施。对农地权利影响较大的是农地"三权分置"理论和宅基地"三权分置"理论。该理论的确立，对我国农地权利的变化起到至关重要的本质性影响，实行农地和宅基地"三权分置"是农村土地制度的一个重大改革突破，也是探索完善中国特色的城乡土地管理制度体系的必然要求。

第四，促进农地资源的高效运作。土地是人类生存的基础，"三农"是全国稳定的关键，解决好农民问题的前提就是解放农民，促进农村土地的高效收益化。在这种情况下，构建农地权利体系，就要注意发挥农地的绩效，充分利用农地资源，达到农地资源的可持续化发展。那种靠"面朝黄土背地朝天"的耕作和低效农地收入已经不能满足农民增长的物质需求。农村土地使用权应该适应经济的高速发展，应该扩大农民以农地使用权作为融资手段的途径。这就要求在保证农地用途不变的前提下，促进农地使用权的多方式流转；我国土地承包经营权的自由转让充分说明了这个问题。《土地管理法》规定土地承包经营权将承包经营的主体限定为作为发包方的集体组织，承包方为本集体经济组织成员或者是本集体组织之外的农村居民（本集体组织之外的农村居民要成为承包方要履行严格的程序）；并且在承包期内，承包方不能转让承包经营权。这将农民限定在农地之上。如果农民进城务工就会导致农地闲置和荒芜，造成农村耕地流失。针对这种情况，《物权法》进行了改进，放松了土地承包经营权的流转条件，在承包期内承包方可以不经发包方同意即可自由转让其承包经营权；这既解放了农民，又搞活了农村经济。

第三节　农地权利的域外考察

从经济学角度上看，土地制度由土地所有制度、土地使用制度、土地管理制度和土地产权制度及其他相关制度构成。[1]不同国家采取不同的法律形式对土地制度进行了相应的规定，土地产权是各国立法的核心。广义上，土地产权制度主要包括土地的所有关系和土地的利用关系：前者指土地所有权的归属；后者指土地的流转和利用，具体包括土地的使用、收益和处分。狭义上，土地产权制度仅指土地所有权的归属。综观大陆法系和英美法系的土地法律制度，他们的土地产权制度主要包括两种：一种为"土地所有权中心主义"。另一种为"土地地产中心主义"。前者主要是指土地所有权是土地的归属关系，是一种静态的财产关系，指土地权利主体所拥有绝对的、具有排他效力的无期限性权利。这种权利突出表现为绝对性和排他性，具体指权利主体可以自由行使其占有、使用、收益和处分权；这些权利受到法律的合法保护，不受其他任何主体的侵犯。土地所有权人为了最大限度地发挥土地的功能，可以将占有、使用、收益和处分权能中的一种或者多种转让给他人；当这些派生性权能到期，则土地所有权又恢复到其圆满状态。以所有权为中心来构建土地产权的为"土地所有权中心主义"。后者认为土地使用权是对土地的利用关系，以流转方式发挥其效能，是一种动态的财产关系，与土地所有权相关联，其是在土地所有权的基础上所衍生出的一种权利类型，是土地使用人对土地的利用，享有占有、使用、收益和部分处分权。这些派生性权利类型一般是有期限的，期限截止，权利消失。侧重对土地的利用，并以此为中心来构建土地产权的为"土地地产中心主义"。

如何构建我国农地之上的权利制度，域外的相关制度及立法实践在理论以及制度方面会给我们启示。农地属于物权法研究内容。农地物权制度由一系列的规则组成，这些规则包括农地的物权类型、体系及各种权利的

---

[1] 毕宝德. 土地经济学 [M]. 北京：中国人民大学出版社，2006：162-179.

具体内容。我国属于大陆法系国家；在相关制度的构建上，理应参照大陆法系其他国家的相关规定。农地权利属于物权法范畴，因此，大陆法系物权法的相关规定对我国农地体系构建以及农地权利具体内容上起重要的参考作用，大陆法系国家的物权法将为我国农地的权利体系制度提供直接的理论指导。这也是本书进行大陆法系国家考察的一个重要目的。但是，在民法体系中，物权法是受到一个国家文化、历史以及社会经济状况等因素影响最为显著的部分，因此，在相关制度的借鉴中应结合本国实际，因地制宜，不能简单地进行直接移植，应取其精华去其糟粕：在比较研究的基础上，发现各个国家的相关制度的异同，分析其根源，从而得到对我国农地的权利体系制定有直接指导意义的规律性内容。同时英美法系国家的土地权利制度是按照以利用为中心主义而建立的，其立足点一开始就定位于如何利用土地，英国的土地制度对我们也有直接的借鉴。其相关司法实践以及制度变迁，也对我国农地的权利体系以及内容演变和革新有着重要的启示作用。

在域外国家和地区的相关制度考察中，不仅应重视他们的立法层面的相关规定，亦应参照相关政策。农业政策是影响土地制度发展的一个关键性因素，目前我国农地制度的改革就是从农业政策开始延伸至农地法律制度的完善。探讨土地权利与农业政策的关系对我国农村土地制度的完善提供借鉴。

一、大陆法系国家

大陆法系国家对民法理论尤其是物权法理论发展产生重要影响的国家当数法国和德国。这两个国家的民法理论对世界大陆法系体系的形成产生了至关重要的影响，这两个国家民法发展分别代表着不同的时代。日本与我国毗邻，我国民法中的很多理论直接来源于日本；清朝末年的《大清民律草案》制定之时，直接聘请日本学者指导立法实践。虽然该草案由于大清朝的灭亡未在我国大陆实施，但是对我国台湾地区以及大陆民法的制定产生了深远的影响。并且在农地制度上，我国与日本有着相似之处，都面临着地少人多这一问题和土地分散经营与规模经营的矛盾。因此，这些国家相关的土地立法和政策对本书的研究起到一定的参考作用。

（一）法国

"考察每个问题都要看某种现象在历史上怎样产生、在发展中经过了哪些主要阶段。"❶ 法国的农村土地制度变迁大致经历了三个阶段：第一阶段是1789年法国大革命前的封建领地制经济；第二阶段是1789年法国大革命爆发后的小农经济；第三阶段是20世纪20年代开始的现代农村土地制度的形成。

1. 法国土地制度的变迁

（1）封建领地制经济。

1789年法国大革命爆发前，法国处于封建制领地经济时代，禁止私人圈占土地，实行公共放牧和强制性轮作。封建领主既是土地的所有者也是领地的统治者，在封建制下的农民主要分为自由佃农和农奴。自由佃农与领主无人身依附性，而农奴在人身上依附于封建领主。在当时的劳动力和农产量低下的社会背景下，封建领主主要将土地租给农民耕作，领主一般不直接经营土地。

（2）法国大革命爆发后的小农经济。

1789年法国大革命爆发，其中标志性之一就是摧毁了法国的封建制度。封建土地制度随之瓦解，原来封建领主所拥有的土地分给了农民，农民开始真正成为土地的所有者，在农业中形成了以小块私有土地为基础的小农经济。而随着法国农业经济的进一步发展，法国农民的两极分化逐渐严重，资本主义性质的大型农场制度开始形成。

（3）现代农村土地制度的形成。

随着农村土地流转制度的逐渐形成，土地的转让和出租现象越来越普遍。法国政府通过政策规定，对农地的使用和转让时，私有农村土地一定要用于农业，不得弃耕、劣耕以及在耕地上进行建筑；对弃耕、劣耕以及用于其他用途的，国家可以有权予以征购或者提高土地税。在土地流转上

---

❶ 中共中央马克思恩格斯列宁斯大林著作编译局. 列宁选集：第1册[M]. 北京：人民出版社，1995：26.

予以限制，明确规定土地转让不可分割，该土地只能整体继承或者出让。同时，将土地市场分为市地市场和农村土地市场：市地市场以建设用地流转为主，而农村土地市场以农业生产用地流转为主。

2.《法国民法典》及后期的土地权利

法国大革命后法兰西帝国的建立，拿破仑时期《法国民法典》的制定，对法国农地制度产生了深远的影响，法国的农村土地制度得以在立法中明确化，在一定程度上刺激了法国农业经济的高速发展，并对其他国家农村土地制度发展起到了一定的启示作用。

1804年实施的《法国民法典》，是以土地权利为中心而展开的。《法国民法典》在"财产及对于所有权的各种限制"一编规定了所有权和用益物权这两类基本物权，担保性物权和占有被称为附属性物权主要规定在"取得财产的方法"一编中。在法典中虽未明确规定物权之概念，但是就物权的相关制度进行了规定，对动产和不动产从其物理属性以及用途等方面进行了区分。其中《法国民法典》第516条规定，"一切财产均为动产或不动产"。第524条第1款规定："不动产所有人为不动产的便益及利用所置之物，依其用途，为不动产。"[1] 第526条规定："下述权利依其客体为不动产：不动产之使用收益权，以土地供役使的权利。"通过上述法律条文的内容可以看出，在《法国民法典》中，与土地有关的不动产包括：不可移动性的自然不动产即土地；附着于土地因其用途而成为不动产的物；以土地为客体的权利，包括土地用益权、地役权、返还土地的诉权。在《法国民法典》中，因某些权利的客体是不动产而被赋予了无体物的权利以不动产的性质。

（1）所有权。

法国继承罗马法中"这个东西是我的或这个东西是属于我的"[2] 观念，《法国民法典》在第544条规定"所有权是对于物有绝对无限制地使

---

[1] 法国民法典［M］．李浩培，吴传颐，孙鸣岗，译．北京：商务印书馆，2009：86.

[2] 彼德罗·彭梵得．罗马法教科书［M］．黄风，译．北京：中国政法大学出版社，1992.

用、收益及处分的权利，但法令所禁止的使用不在此限"。具体到土地所有权的认定上，认为其可以延伸到地上及地下无限制的空间。在所有权的主体上，私人所有一般占有主要成分，私人土地的价值量一般占全部土地资产价值的绝大部分。为了解决土地所有权的独占性与土地利用的社会化需求之间的矛盾，法律总是不断致力于对所有权作合理的界定。法典在吸收历史经验的基础上，对农村土地的买卖进行了限定：一方面保证农民土地的所有权，另一方面又保证国家对农村土地相对限制。以1855年和1856年里昂法院的判例为契机，法国学说开始对"权利滥用禁止"理论加以体系化。❶ 在实践中建立了土地整治公司，由政府投资建立，专门整治土地。农民交易买卖土地要经过土地整治公司的同意和批准。在第二次世界大战后的二十多年里，法国的城镇化进程快速推进。为了解决地价飞涨、城市居住环境变差等一系列问题，法国于1975年设立了土地发展权的法定上限密度（PLD），以容积率为量化标准将土地发展权（在法国法上称为建筑权）划分为法定土地发展权和增额土地发展权。法定上限密度内的土地发展权为法定土地发展权，归属于土地所有者；超过法定上限密度的土地发展权为增额土地发展权，归属于国家（地方政府）。土地所有者可以超过法定上限密度开发土地，但应当向国家（地方政府）购买相应的增额土地发展权。❷

（2）土地用益性物权。

《法国民法典》第581条确立了用益权，❸ 规定用益权得就各种动产和不动产设定。第578条规定："用益权为对他人所有之物，如同自己所有，

---

❶ 《法国民法典》第595条规定："用益权人得由自己享受或租赁于他人，或出卖以及无偿让与其权利。在出租权利时，关于租赁契约的更新时期及续存时期，应适用夫妻财产契约及夫妻间的相互权利章中有关夫对于妻的财产所定的规定。"法国民法典［M］．李浩培，吴传颐，孙鸣岗，译．北京：商务印书馆，2009：88．

❷ 姚昭杰．土地发展权法律问题研究［D］．广州：华南理工大学，2015：67．

❸ 在法国，民法理论中并未正式使用传统大陆法系"用益物权"这一概念，而是用了"所有权的派生权利"来指代与用益物权相关的权利。

享受其使用和收益之权,但用益权人负有保存该物本体的义务。"❶ 虽然用益权是所有权的派生权利,但它是独立的他物权。《法国民法典》第 597 条规定:"用益权人享有地役权、通行权及一般所有权人所享有的权利,且其享有的方法与所有人本人相同。"❷ 根据《法国民法典》第 637 条的相关规定,役权系指为供他人不动产的使用或便利而对一个不动产所加的负担。地役权之设置是为了需役地的便宜,权利的标的物是供役地。供役地所有人一般就其土地之利用仅负不为一定之利用或容忍地役权人为一定之利用的义务,只有在特殊情况下才负为一定行为的积极义务。另据《法国民法典》第 639 条的规定,地役权包括自然地役权、法定地役权和意定地役权三种。同时在法典中,以立法的形式确定了用益物权的土地的流转,包括出租、买卖、无偿转让和抵押等多种形式。"二战"后,法国更是高度重视农村土地的流转和利用,颁布了一系列的政策法规促进土地流转与经营集中化管理,在一定程度上缓解了土地的分散型经营管理。法国土地流转的形式具有多样性:既包括所有权流转,也包括使用权流转和农村土地的用益物权流转。其中,1960 年法国政府颁布《农业指导法》,按照土地流转的性质等对农民实行不同的补助金额。为了促进土地流转,法国政府进一步增强了对流出土地的农民的财政补贴力度。按照《农业指导法》,在法国要求全省成立"土地整治与农村安置公司";这是非营利性的民间机构,也是土地流转的中介机构。为了增加土地流转,法国于 1962 年发布《农业指导法补充法案》,设立调整农业结构社会行为基金,对 65 周岁以上退休人员并放弃土地经营或者自愿让出土地的,发放离农终身补贴;由此进一步刺激了农民放弃土地,在一定程度上加快了农村土地的流转。

(3) 担保性物权。

《法国民法典》第 2085~2091 条确立了不动产质权。法国学术界的通

---

❶ 法国民法典 [M]. 李浩培,吴传颐,孙鸣岗,译. 北京:商务印书馆,2009:76.

❷ 法国民法典 [M]. 李浩培,吴传颐,孙鸣岗,译. 北京:商务印书馆,2009:88.

说认为优先权在性质上是一种优先受偿权，基于债务的性质而产生，属于法定担保物权，和其所担保的物权属于不同的种类。《法国民法典》第2095条规定："优先权是依债务的性质而给予债权人先于其他债权人甚至抵押权人而受清偿的权利。"❶《法国民法典》第2113条规定，优先权登记有期限限制；期限届满，优先权人未登记公告的，则其优先权退化为抵押权，其顺位以登记的日期为确定标准。

在法国土地制度的发展过程中，农村土地流转制度较为成熟和完善，健全的农业财政政策以及完善的中介机构组织为其关键性因素。法国的财政政策对土地流转起着重要的调节功能，为土地流转营造了过硬的内部和外部环境；发达的中介机构组织推动了农村土地流转利益的最大化，促进了农业和土地的平衡以及可持续性发展，也为土地流转提供了较为全面的法律咨询，为流转土地的双方主体提供了土地的价值评估以及托管交易等服务。

（二）德国

在德国，私有财产主要是指私人所有的土地所有权，宪法明确规定了对私有财产的法律保护。1901年实施的《德国民法典》以立法形式规定了土地所有权、用益物权和担保物权。

1. 所有权

按照《德国民法典》的规定，土地的所有者对土地拥有完全的所有权。《德国民法典》第903条规定"物的所有者，以不违反法律或第三人的权利为限，可以随意处分物，并排除他人的任何干涉"。以此确立了所有者的排他性的绝对性权利；第904条规定"干涉为免除当前的危害而为必要，并且所面临的损害较因干涉而使所有人发生的损害为大的，物的所有人无权禁止他人对物的干涉。所有人可以请求赔偿其发生的损害"。按照《德国民法典》的所有权立法，作为所有权者享有的是一种决定性的、支配性的排他性权利。在这种权利类型上，所有者集占有、使用、收益和

---

❶ 法国民法典 [M]. 李浩培，吴传颐，孙鸣岗，译. 北京：商务印书馆，2009：325.

处分权能于一身；任何人不得干涉和侵害，否则就要对所有权人承担损害赔偿责任。但是任何的权利类型都不是绝对的，权利主体在权利的行使过程中，要受到其他因素的制约和限制，如受到公序良俗原则以及相邻关系等制约，没有无权利的义务也不存在无义务的权利。"迄今为止，一直存在着一种不可动摇的趋势，这就是对所有权人随心所欲处分其财产的自由，加强法律上的限制。"❶

2. 用益物权

在《德国民法典》中，用益物权有地上权、役权和实物负担三种。用益物权是在所有权的基础上所分离出的一种物权类型，主要是指用益物权人对他人之物所享有的占有、使用和收益权，其在一定程度上是对所有权进行的限制。《德国民法典》第1109~1111条予以明确性规定。❷

（三）日本

明治维新前的日本和我国封建时期的土地制度类似，封建领主是土地所有权者。按照当时的规定，土地不得买卖流转，农民主要通过租佃关系向封建领主取得土地的使用权，靠向封建领主缴纳一定的地租来维持自身的生存。而且由于佃耕权不稳、租佃期不定，封建领主常常破坏租佃关系，损坏农民的权利。日本在明治维新后，废除了旧的封建体制，封建制的土地制度逐步瓦解。日本政府于1868年颁布法令，宣布农村的土地归农民所有，农民对农村土地享有所有权，并可以自由买卖。据不完全统计，大约80%的农民变成了土地的所有权人。在土地权属的规定上，首先是地契，后来改为土地登记制度。从土地现状看，日本现代的农村土地产权制度主要由所有权与使用权两种重要的权利类型组成。在立法上，《日

---

❶ 海因·科茨，等. 德国民商法导论 [M]. 楚建，译. 北京：中国大百科全书出版社，1996：14.

❷ 第1110条【主体—物的土地负担】为土地的现时所有权人的利益而成立的先买权，不得与该土地的所有权分离。第1111条【主体—人的土地负担】（1）为特定人的利益而成立的土地负担，不得与该土地的所有权相结合。（2）对个别给付的请求权不得转让的，上述权利不得转让或者再在其上设定他项权利。德国民法典 [M]. 陈卫佐，译. 北京：法律出版社 2004：332.

本民法典》对土地权利类型进行了全面的规定。按照《日本民法典》的规定，日本民法领域中土地权利主要包括土地所有权和他项性权利，后者主要包括土地用益物权和担保物权。土地用益物权有地上权、永佃权和地役权；土地担保物权有先取特权、不动产质权和抵押权。

1. 所有权

《日本民法典》第207条规定："土地所有权于法令限制的范围内，及于土地的上下。"❶ 不过在日本的民法中，并未进一步界定所有权的内容。按照所有权的法理研究，所有权是在法律规定的范围内对物的全面支配的权利，包括占有、使用、收益、处分权能。与德国民法的规定类似，在日本，所有权人行使所有权时同样应受到其他因素的限制和制约，如土地之上所设定的用益物权以及担保物权同样是对土地所有权的一种限制，所有权人行使所有权时要受到用益物权和担保物权的制约。依《土地租用法》第4条，约定或法定期间届满后，若土地所有人无收回土地之正当事由，租地关系仍不消灭。在日本学术界提出了极为有影响力的系统所有权理论学说的集大成者为稻本洋之助。稻本洋之助将土地所有权的理论及与其相对应的权利发展状态分为两个阶段：资本主义成立期（近代法时期）与现代法时期。在资本主义成立时期，土地所有权的近代化应按"过程论"理解。也即这一过程发展经过三个步骤：首先是土地所有权近代化的出发点——土地商品化时期；其次是土地所有权从属于用益权时期；最后是对未偿还的投入资本进行保护的时期，也即改良费偿还请求权的确立。❷

2. 用益物权

用益物权主要包括地上权、地役权以及永佃权。

地上权，是以工作物及竹木的所有为目的而利用他人土地的物权。《土地租用法》规定，以建筑物的所有为目的而租借土地所有人的土地的永租权与地上权一起称作租用权，因此该永租权实质仍然适用于物权的

---

❶ 日本民法［M］. 渠涛. 译. 北京：法律出版社 2006：48.
❷ 戒能通厚：现代土地法论相关论争之探讨［M］//乾昭三. 土地法的理论的展开. 1990：15-16.

规定。

地役权，日本民法中的地役权与德国法和法国法中的地役权类似。永佃权，在日本的发展与日本的国情密切相关，"日本民法中的永佃权是日本的固有法，不是继受外国法"。❶ 日本永佃权在民法典中被法律化，有其一定的社会历史原因。正如上文所述，日本明治维新之前，土地主要是封建制所有，农民主要是土地的租种者，以出卖自身的劳动力维持生存；随着明治维新改革的进行，日本废除了封建制的土地制度。在《日本民法典》的制定过程中，日本的封建制土地改革正在进行中，为了维持改革成果，维护农民的土地的所有权，在《日本民法典》中对永佃权进行立法；所以，结合永佃权的立法背景不难获知，《日本民法典》中的永佃权已经不同于明治维新之前封建制时代。《日本民法典》中的永佃权制度废除了封建制时期的不平等这一关系；其后，日本政府为了解决土地所有和土地利用这一恒久性的矛盾，在《土地租用法》中设立租用权并强化其效力。

3. 土地的担保物权

《日本民法典》共规定了三种质权：动产质、权利质和不动产质。以不动产为标的物的质权称不动产质。虽然《日本民法典》仅规定土地、建筑物、地上权、永佃权才可设定抵押权。

二、英美法系国家

英美法系国家土地制度的建立更多地基于经验积累而不是理论研究。正如卡多佐所言，"……是历史建立了这一制度以及与这一制度相伴随的法律……土地转让的限制、绝对所有权的暂停、不确定继承、诸多将来履行的财产遗赠、私人信托和慈善委托，所有这些法律的名目都只有在历史之光的照耀下才能理解。它们都是从历史中获得动力且必定会影响它们此后的发展"。❷ 虽然英国建立了"地产中心主义"的土地制度，英王对全英土地享有所有权的历史已不复存在，但是，在英国立法上，英王仍然是

---

❶ 江平. 中国土地立法研究 [M]. 北京：中国政法大学出版社，1999：167.
❷ 卡多佐. 司法过程的性质 [M]. 苏力，译. 北京：商务印书馆，1998：32.

土地所有权的主体。这与我国土地属于国家和集体所有类似，并且在英国土地改革中，英国政府加强对土地的干涉和调控，这与我国的中央宏观调控的原则具有一致性；因此，英国的土地制度对深化我国的土地改革具有极强的参考价值。

现今英国不动产法律制度肇始于封建制。自1066年，诺曼底公爵威廉登陆英国，借助中央集权，逐渐确立了一套内容完整的封建土地制度。从土地制度诞生之日起，英国的土地法就呈现出其独特之处，沿着与欧洲及其他大陆法系国家不同的路径演进：以所有权为基础，以地产权为主轴和中心，构建其土地财产权体系。地产权是英国土地权利体系的核心和灵魂。英国土地利用流转关系与英国特有的土地保有权密切相关，土地保有权的确立是英国与大陆法系土地体系不同的根本原因。在英国法上，并不存在有体物这一概念。土地所有权以财产权益为客体，呈现出和大陆法系国家的不同。柯里指出，在英格兰提及"土地所有权"在严格意义上是不正确的。一个人不能拥有土地本身，而只能拥有土地的财产权。[1]

（一）英王土地所有权的虚化

自诺曼底人入主英国始，英国土地归英王王室所有的传统得以确立，臣民只能在一定期间对土地享有保有权。这种土地的保有关系，按照现在的法学观点来看，实质上是在英王和臣民（保有人）间形成了一种合同关系，双方之间涉及土地利益的分配关系：保有人持有土地，但不享有土地的所有权，土地的所有权仍掌握在英王手中；保有人在享受土地利益的同时，必须向英王服劳役或者纳贡。从这个角度讲，这种合同关系带有浓厚的封建主义身份色彩。按照当时的规定，在英国，主要存在自由保有权和非自由保有权两种类型；自由保有权占主导地位，非自由保有权主要是指佃农保有权。取得自由持有保有权有两种方式：一种是通过履行骑士义务

---

[1] J. M. Currie. The Economy Tenure of Agricultural Land Tenure [M]. Cambridge: Cambridge U. P., 1981.

取得军事保有权,另一种是通过无兵役租佃制取得保有权。❶ 因履行义务的具体内容不同,在英国又存在骑士派遣义务、宗教义务、农耕义务以及杂役役务。在英王将土地授予保有人时,宣称其仍拥有土地所有权,同时要求土地保有人必须履行上述义务,要宣誓效忠英王,英王享有土地权益与领主权益,后者即土地保有人所履行的封建役务与英王基于土地保有关系享有的附属性权益。附属性权益是英王基于其与土地保有人之间的土地合同关系,对保有人所享有的封建役务以外的权益,这种附属性权益与封建义务性质不同,不具有约定性,是英王依据封建习惯法所享有的权益。如果保有人不履行这些义务,英王有权随时收回土地,英王的土地权益和附属性权益,是其享有所有权的重心和关键。

随着英国资本主义经济的进一步发展,保有人土地役务的货币化以及附属性权益的逐渐消亡,英王对土地的所有权出现逐渐弱化的趋势。保有人土地役务的货币化主要表现在:以盾牌钱代替骑士义务与农耕义务的地租化。诺曼底人征服英国后的一个多世纪,骑士军役制度逐渐呈现出其弊端:一方面对于土地保有人,骑士作战给他们带来了不可承受的负担;另一方面对国王,土地保有人组建的临时部队,战斗力低下,相比较而言,国王更倾向于向土地保有人征收盾牌钱,以此组建一支常设的专业性作战部队。❷ 英国在17世纪后,已经废除了绝大部分附属性领主权益。1660年英国通过《保有废除法》,该法剥夺了英王基于领主土地所有权人身份所掠取的巨大利益,废除了土地保有人履行的军队义务,将大部分侍役等保有关系转变为具有财产性质的农役保有关系。经过上述两个阶段的发展,领主基于土地所有权人的权益不断减少甚至最终消失;最终,英王土地所有权被彻底空壳化,英王仅仅是名义上的英国土地所有权人。

(二) 地产的兴盛

根据土地保有关系,土地保有人拥有地产,具体指土地保有人依据其

---

❶ B. W. Adkin. Copyhold and Other Land Tenures of England [M]. London: The Estates Gazette, 1919: 42.

❷ George Lord Lyttelton. The history of the life of King Henry the Second, Volume II [M]. Dub in: George Faulkner, 1768: 198.

保有关系对土地所享有的一定期间的占有、使用和收益性的权益。随着封建役务的废除以及其他义务向货币义务的转化，土地保有人的地产权得到巩固和加强；而当货币义务因货币的贬值而不再需缴纳时，土地保有人的地产权真正转化为完全性的产权。"地产中心主义"就是伴随着英王土地所有权虚化而出现的，其中，自由继承地产权为起关键作用的最核心因素。

在英国历史上，存在两种不同形式的地产：租用地产和自由保有地产。自由保有地产大部分以合同来确立，租用期限自由。保有地产又包含无限制单纯地产、限制继承地产及终身地产三种形式。无限制单纯地产，一般以协议或居住、耕作占有等形式为基础确定，自由保有地产为保有人永久所有。限制继承地产只限于保有人本人及其后裔继承人享有。终身地产是以土地占有人的寿命为存续期限的地产。这种地产不能转让和继承；当地产保有人死亡时，英王将收回地产。直到13世纪后期，才具有继承性，并在此基础上诞生了一种重要的地产——自由继承地产。这是土地保有关系的进一步的深化，是土地保有人与土地的次保有人之间的土地保有关系。

自由继承地产是在终身地产的基础上逐渐演化而来的，允许地产保有人在其死亡后将地产交由其继承人继承；但是自由继承地产在产生之初，在适用中还存在诸多问题。如果英王将土地授予保有人，明确表示此地产是可以继承的地产，只是表明，当保有人死亡后其继承人可以继承地产，并且有附加条件，即当保有人的继承人想继承地产时，必须向英王宣誓效忠服务英王，与英王之间形成一个新的地产保有关系；并且地产保有人在其生存期间若转让其地产，必须经过英王和其继承人同意。这非常不利于地产的流转和利用。13世纪后，英国面对上述弊端进行地产改革，重新界定自由继承地产，消除地产保有人在转让地产上的上述弊端，取消了地产保有人的继承人在保有人死亡后继承地产的繁复程序。最终在1290年的《保有转让法》中明确规定，土地保有人可以在没有征得英王同意的前提下，自由转让其继承地产，当土地保有人转让其地产于次地产保有人时，此地产保有人便替代原土地保有人与英王建立土地保有关系。

(三) 土地私有权的形成

依据 1290 年的《保有转让法》,地产保有人退出了原来的保有关系,保有人的地产继承人与英王建立起新的地产保有关系;因此,地产保有人与其继承人死亡后,英王不能收回土地,地产的存续时间将以此地产保有人及其继承人的存在为参照标准。❶ 自由继承地产是地产保有人所持有时间最长的地产:只要土地保有人的继承人存在,则自由继承地产将一直存续;在地产被转让后,只要此地产保有人的继承人存在,则自由继承地产也会一直存续。自由继承地产改变了地产保有人在地产保有关系中的地位,表明了地产保有人在封建地产保有关系中地位的提升,通过自由继承地产,则此保有人即地产受让人将无期限地拥有地产的全部利益,英王收回地产的可能性已经不复存在;至此,在英国,地产在实质上成为私人所拥有的权利,被完全地私有化。在英国,地产所有权已经失去了其私法上的意义,地产成为土地保有人权利所指向的对象,成为地产所有权的客体;就其本质而言,是地产保有人对所持有的土地在一定时间上所享有的利益,不具有具体性,是客观的抽象的存在。地产所有权的出现决定了英国法上的所有权是以土地的权益为客体而构建的。这与大陆法系以有体物为客体完全不同,地产所有权客体的无体化深深影响了英国地产体系的构建,对整个英国财产权利体系的构造产生了深远的影响,也对我国的土地权利体系的构建有重要的启示作用。这种地产利用方式,能在最大程度上调动地产保有人的积极性,最大限度地发挥地产的价值。

在英国法上,本着物尽其用的原则,为了最大发挥物的效用,已经逐渐放弃了传统民法上注重对物的实际支配的静止的财产归属关系,而更注重对物的使用价值和交换价值的支配。这体现出了以"利用"和"行使"为中心的物权价值。传统的以物的"所有"为中心的物权观念,已经被以物的"利用"为中心的现代物权观念所取代。如何实现物之稳定性和价值最大化,满足市场经济的双重需要,用益物权和担保物权可以担当此重

---

❶ Charles Watkins, The Principles of Conveyancing [M]. London: Saunders and Benning, 1838: 26.

任。根据使用人所支配的物的不同价值，将他物权分为用益物权和担保物权，农地使用权人同样是通过对客体土地的支配而实现其农地权利的。农民集体所有权的实现，就是通过所有权的行使，使所有权客体不断增值，以实现农民集体成员的整体利益和个人利益。我国《物权法》即采纳了这种立法体例，在所有权之下按照对物的支配价值的不同分别规定了用益物权和担保物权。笔者认为在农地权利体系的构建中，具有使用价值的农地的用益物权和农地的担保物权是必不可少的两种权利。无论是用益物权还是担保物权，均在所有权的基础上产生。我们应建立一个以农村土地所有权为基础、以农地用益物权和担保物权为核心的农地权利体系。

虽然英美法系国家并无土地的物权法理论，但是两大法系在土地权利制度上很多理论却是相通的。在英美法系国家中存在土地的所有权理论。在英国，土地主要属于英王所有，权利的行使上主要包括占有、使用、收益和处分。这与大陆法系国家土地所有权在内容上是类似的。在英美法系，地产权是对土地支配的法定权利。英美法系国家在地产中心主义的前提下，更为注重对土地的利用和规划；大陆法系在传统上恪守土地产权主义，但是随着社会经济的发展以及土地制度的变迁，这些国家逐步通过立法或者政策调整土地利用关系，逐步向注重土地利用的方向发展。

第二章 集体土地所有权

所有权在罗马法时代被认为是一种"自物权"。所谓自物权，也就是对自己所有物上的权利。与此相对应的是"他物权"。他物权是指对他人所有物上享有的权利；换言之，是在一定范围和时间内支配他人所有物的权利。

第一节 集体土地所有权是中国历史的选择

一、加强农村集体土地所有权

土地是人类赖以生存的基础和重要的生活资源。古往今来，当政者都非常重视土地的归属和利用，这在上文土地制度的比较法考察一节已经进行了论述。大陆法系和英美法系虽然在立法的传统方面存在本质的差异，但是在土地的归属和利用的法理观念上却是相通的：在土地归属的前提下，在所有权落实的基础上，进一步强调土地的利用是两个法系的共同发展趋势。农村集体土地所有权在农地产权中占有重要的地位和作用。作为农民集体所有权的一种权利表现形式，农村集体土地所有权的权能实现和有序运作均有赖于农民集体所有权制度的完善。换言之，农村集体土地所有权在农地权利体系中的核心地位决定了物权编在进行农地权利构造时必须以农民集体所有权的完整构造为基础。[1] 集体土地所有权指的是，由农

---

[1] 陈小君.我国涉农民事权利入民法典物权编之思考［J］.清华法学，2017（2）.

民集体对其所有的土地享有占有、使用、收益和处分的权利。土地所有权的类型，不是逻辑分类的结果，而是所有权制度在不同社会历史条件下形成、发展或演变的结果。我国农村集体经济的有效实现与农民集体所有权制度的完善密不可分：农民集体所有权的主体制度的明晰是构建农村集体经济有效实现制度的基点和农村集体经济组织回归私法性质的前提，也是保障村民集体经济组织利益的有效途径；以农村集体土地所有权为基础的农地权利体系及其权利实现，是农村集体经济有效实现的前提和实质；包括集体农用地、集体建设用地与集体企业的经营运作在内的集体土地经营运作制度是农村集体经济有效实现的基础与核心。❶ 集体土地所有权的地位已经在我国宪法和法律中有了明确的规定。在现阶段中国制度变迁的背景之下，集体土地所有权的性质以及权利主体成为法学界争论的焦点，由此引发出关于集体土地所有权存废问题的探讨。

清晰稳定的农地产权制度是农地利用和使用权的基础条件，不同的产权制度安排对农地使用权流转双方的激励是不同的。"在有保障的土地产权制度下，自由转让权利决定了土地资源获得正确价格的可能性，从而为借助市场机制实现土地资源的有效配置提供了必要条件。"❷ 近年来，随着我国农地改革的进行，学者对我国的土地所有权结构提出了不同的看法，大体看来主要包括主张集体土地私有化和国有化两个方面。但在每个主张的具体内容上存在细微的差异，归纳起来，主要有五种：（1）主张继续实行现行的国家土地所有权和农村集体土地所有权并存的土地所有权制。（2）主张废除集体土地所有权，实行全部土地国有化。（3）主张原集体所有的土地私有化，形成国家土地所有权和私人土地所有权并行的体制。（4）主张在维持现行的国家土地所有权和集体土地所有权的前提下，允许出现第三种土地所有权，即国家和农村集体经济组织组成的股份公司拥有的土地所有权，也就是国家和集体的混合土地所有权。❸（5）主张在坚持

---

❶ 陈小君. 我国涉农民事权利入民法典物权编之思考［J］. 清华法学，2017（2）.

❷ 郭新年，辛元. 土地产权制度三题［J］. 人文杂志，1999：4.

❸ 王卫国. 中国土地权利研究［M］. 北京：中国政法大学出版社，1997：55.

集体土地所有权的基础上,完善土地的集体所有权,对土地使用制度加以改革。❶ 总体上看,以上几种观点是否坚持集体所有的土地制度为争议焦点,总结为集体土地所有权的"坚持派"和"改革派"。"改革派"基于农村集体土地所有所存在的弊端,主张变革集体土地所有权为国家或者私人所有,以此克服其弊端;认为建议土地国家所有的理由还包括,在宣布土地国有的同时,赋予农民以永久性的土地使用权,使他们更加珍惜土地、有努力经营的积极性。❷ 本书基于下述理由,主张应加强集体土地所有权制度,并在此基础上对集体土地所有权进行完善。

首先,集体土地农民私人所有权不适合中国国情。虽然在我国历史上曾经存在过土地不同的所有权人,但是土地所有权主体的改革涉及多方利益,应当慎重。农民私人所有的土地类型经历史实践检验,不适合中国社会国情;农村集体化运动经过初级农业合作社和高级农业合作社以及人民公社几个阶段,已经使农村的土地私有制转变为集体所有制。我们应考虑目前中国的社会现实,以现行法律规定为基石,规划我国的土地所有权类型。在我国实行的两种公有土地所有权并存的体制,是经过历史实践检验的。我国自1949~1962年,逐步形成了"城市土地国家所有,农村和市郊的集体土地所有"的土地公有制。❸ 土地是社会中特殊的资源或财产,这种特殊性使它最宜成为国家或社会共同拥有的财产。❹ 坚持集体土地私有化的学者仅仅看到了集体土地存在的弊端就采取彻底否定的态度,这是一种非理性的判定,完全忽视了对我国农地产权制度的历史研究。在隔断历史事实的基础上,忽视实践考察,仅从理论的角度来论断中国农地产权制度,这不是一种科学严肃的学术态度。农村集体土地所有不是理论产物,

---

❶ 王卫国. 中国土地权利研究 [M]. 北京:中国政法大学出版社,1997:98;王先进. 中国土地使用制度改革——理论与实践 [M]. 北京:中国审计出版社,1999:99.
❷ 王卫国. 中国土地权利研究 [M]. 北京:中国政法大学出版社,1997:108.
❸ 王卫国. 中国土地权利研究 [M]. 北京:中国政法大学出版社,1997:57.
❹ 高富平. 土地使用权和用益物权——我国不动产物权体系研究 [M]. 北京:法律出版社,2001:87.

而是中国历史实践的结果，是20世纪50年代以来农村土地合作化的实践结果，农村集体所有历经人民公社和改革开放两个不同历史时期的发展和考验，已经发展成为我国农村土地产权制度的核心内容，并在我国相关立法中得到确认。土地私有化不是严肃的学术研究，力主土地私有化的没有哪一位是产权制度方面的专业人士，也没有作过土地私有化优于集体土地所有的理性研究，甚至对我国农村土地的实际状况缺乏应有的常识；他们企图通过土地私有赋予农民卖地的自由，却没有提供任何土地私有化的操作方案，无法解决重新分配土地到各家各户必然产生的利益冲突，也无法保障土地自由买卖必然产生的巨量失地农民的生存问题。❶

其次，提出将农村集体土地所有权全部转变为国有土地所有权的观点是历史的倒退。历史早已证明，"一大二公"特定历史条件下的全面公有制是错误的，它无法解决所有权主体不明和无法适应市场机制的症结。中华人民共和国成立后，为了巩固土地改革的成果，中国共产党在农村领导农民进行土地所有制的社会主义改造，建立农民集体土地公有制。农民集体土地所有制就是农村一定范围内的群体对土地共同占有基础上的个人所有制，也就是由群体共同所有土地实现群体中每个人的利益。群体不可分割的共同所有土地，就是土地的集体公有制，排除了私人对土地的所有，从而确保群体中的每个人都能平等地实现土地利益，实现个人所有制。❷ 应当保留集体土地所有权，赋予其新的内涵；不能因为农村集体所

---

❶ 孟勤国. 论新时代农村土地产权制度 [J]. 甘肃政法学院学报，2018（1）. 同时孟勤国教授在《揭开土地私有化的面纱》一文中持相同的观点，批判了主张集体土地私有化学者的学术研究态度，并指出"土地私有化不过是些对土地公有的偏见和关于土地私有的臆想"。参见孟勤国，揭开土地私有化的面纱 [J]. 北方法学，2010（1）.

❷ 韩松. 坚持农村集体土地所有权 [J]. 法学家，2014（2）. 韩松教授在文中进一步指出这种所有制反映在法权制度上就是集体土地所有权，其本质是农村一定社区的成员集体在对本集体土地不可分割地共同所有基础上实现成员个人的利益。所谓不可分割，就是不可将土地所有权分割为单独的个人私有权，从而保障每个集体成员都能够对集体土地享有利益，实现耕者有其田、居者有其屋，防止富者兼并土地、穷者失去土地。这也就使集体土地对集体成员具有了社会保障功能。

有权主体不明,就因噎废食,主张全盘否定农村集体所有权。我国农民人口占总人口近80%,如果不能解决他们对农村土地的所有权问题,将会造成严重的后果;如果将集体所有的土地完全变为国有化,则农民的合法权益将无从保护,农民在集体土地的使用等方面将彻底丧失话语权。从另一角度而言,如果集体土地所有权完全国有化,则我国整个的农地产权制度将要重新"洗牌",在集体所有权基础上所衍生的农村土地承包经营权也要重新进行规划和调整;随之,相关的大量的法律法规也要进行相应的修改。这将是一个浩大的工程,不仅造成人力物力的大量浪费,同时将造成法律体系的混乱,激化农民和国家之间的对立和矛盾。所以,集体土地公有化是一个有风险的理论,应该慎重对待,"社会制度的变迁是一个渐进的演进过程,在构建社会主义市场经济体制的过程中,农村土地制度的改革应当尽可能避免给社会带来大的动荡。从现实考虑,维持农村土地的集体所有并以此为基础进一步完善农地产权制度,有助于在维护社会稳定的基础上推进变革,也是成本最小且可行性最大的改革方案"。❶ 孟勤国教授对土地国有化观点进行了批判,他认为:"土地国有化也不是严肃的学术研究;所谓集体土地所有无法克服自身的弊端,就弊端本身而言欠缺足够的调研数据,就弊端与集体土地所有的因果关系而言欠缺逻辑分析;他们看到了土地私有化的政治风险,似乎没有看到土地国有化也有巨大的政治风险,亿万农民被剥夺土地所有权,哪怕是名义上的所有权也足以引发农民和政府的对抗;他们推出的土地国有+永佃权的设想将会导致相反的结果;土地国有如果具有实质性内容必然分割农民的土地利益,国有如果不具有实质性内容也就是变相的土地私有化。"❷

集体土地所有权制度在我国相关立法以及政策文件中得到认定。党的第十八届三中全会《中共中央关于全面深化改革若干重大问题的决定》在关于农村土地制度的改革中明确提出,要坚持农村集体土地所有权。这表

---

❶ 王利明,周友军. 论我国农村土地权利制度的完善[J]. 中国法学,2012(1).

❷ 孟勤国. 论新时代农村土地产权制度[J]. 甘肃政法学院学报,2018(1).

明，农村土地制度改革必须坚持农村集体土地所有权。这次改革不是土地私有化改革，而是巩固和加强集体土地所有权制度；改革是为了更好地完善农村集体土地所有权。《宪法》第 10 条第 2 款规定："农村和城市郊区的土地，除由法律规定属于国家所有的以外，属于集体所有；宅基地和自留地、自留山，也属于集体所有。"《宪法》确认了土地的公有制二元结构，这种体制在《土地管理法》和《物权法》对农村集体土地的相关规定中亦予以肯定。可见，在我国，目前只存在土地的国家所有和集体所有两种所有制度。集体所有的土地制度在中国土地法律制度中发挥着重要的作用，是我国物权法所确立和保护的一类重要的所有权形式。"现有的公有制二元结构是我国《宪法》所确立的体制，是中国特色社会主义制度的基础。宪法的规定是探讨问题的基础。维护集体土地的公有性质是中国政治体制的要求，所以，将集体所有的土地产权改变为国有或者私有，至少在现阶段是不符合中国国情的。"❶ 持集体土地私有或者全部公有观点的学者实际上已经认识到了集体土地所有权及其公有制的弊端，但又不想轻易突破旧有意识形态，以此满足自身利益需要，是一种迁就的表现。这是一种学术资源的浪费。我们必须正视中国的国情，正确对待农村集体土地所有权存在的问题，在实践中进行改革和完善，进一步研究集体土地所有权的性质和内涵，在现有农村集体土地所有制度的框架下，进一步加强推行农村集体土地所有。农村集体土地所有权是农地权利体系中最为核心的权利，是构建农地权利体系的基石。

二、农村集体土地所有的性质

通过农村集体土地所有权的发展以及相关立法规定，可知我国的农村集体土地所有权是既具有公有权又具有私权性质的权利类型。公有权表现在集体土地所有权的主体所享有的一种具有管理性质的公共权力。这种权力是集体土地所有权能够存在和发展的基石，具体可以分为公共发展权、

---

❶ 吴次芳，谭荣，靳相木. 中国土地产权制度的性质和改革路径分析 [J]. 浙江大学学报（人文社会科学版），2010（6）.

使用分配权、土地回收权。❶

私权性质的权利是指集体土地所有权的主体所享有的财产性权利，具体指对其所有的土地所享有的占有、使用、收益和处分权能。这里主要针对集体土地所有权所具有的私权性质的权利而展开。

《物权法》第59条的规定为破解农村集体土地所有权缺失提供了参考路径，但是由于《物权法》对集体成员所有相关规定的欠缺，导致在理论研究中，对集体成员所有性质存在很大的争议。关于农村集土地所有权的性质，当前我国法学界主要有三种不同的观点。第一种观点认为，集体所有权是一种由抽象的"劳动群众集体享有的单独所有权"；主张集体所有权既不是法人所有权，也不是成员共有权。第二种观点认为，集体所有权是"个人化与法人化的契合"，集体财产（土地）应由集体组织法人所有，法人可以对集体财产有独立的支配权，而集体组织成员对集体财产（土地）享有股权或社员权。第三种观点认为，我国的农民集体所有权是一种新型的总有，集体成员对集体财产（土地）享有占有、使用和收益权，并且依法按照平等、自愿原则来行使集体财产（土地）的所有权；在集体内部，全体成员是集体所有权的主体，但他们对集体财产（土地）不可分割地享有所有权。❷ 以上三种观点可以归纳为一个问题，就是农村土地的集体所有权是集体组织的团体法人单独所有还是农民集体成员的共同

---

❶ 马俊驹. 农村集体土地所有权的分解与保留 [J]. 法律科学（西北政法大学学报），2017（3）. 马俊驹教授认为：集体土地公共发展权指那些不能分解而只能保留在集体经济组织内，即由所有权主体所拥有的公有权；使用分配权是集体土地所有权主体将土地使用权分配给成员的一项非交易性质的权能，包括对农用地的发包和宅基地的分配；土地回收权是集体在特定情况下，有权收回已分配给个体成员的土地使用权的权利。这项权能以集体经济组织拥有土地的归属为基础，是所有权归属的永续性与非所有权人支配的期限性并行的必然结果，因而也属于集体土地所有权公有权性质的要素。

❷ 余能斌. 现代物权法专论 [M]. 北京：法律出版社，2002：187.

所有或者总有。❶

通过上述相关立法规定的梳理，本书结合我国相关法理进行分析，认为我国农村集体土地所有是农民集体成员特殊的共同所有权。

在我国法律上只承认了农民集体作为农民土地所有权主体，农民集体经济组织被排除在所有权主体范围之外。"农民集体所有"是一个抽象的名词，首先表明农村土地所有权与农民个人成员是密不可分的，多个农民构成了农民集体，是一定地域范围内的全体在籍农民的总和。团体成员对总有财产享有收益权，即从所有权总体上享有利益，如承包经营、使用总有财产的资格，有权利用公共设施，享受公共福利等。❷ 农民是农村土地的主人，在法律上确认他们农地所有权人的地位，对农村土地享有占有、使用、收益和处分的权利，只有这样才能充分保护农民利益。依据《物权法》第59条的规定，集体土地所有权就是集体成员集体对本集体土地的所有权。在成员集体对本集体土地的所有中，每个成员不可分割地享有集体所有权，没有现实的应有份额，只能按照集体分配原则平等地享受利益。因此，在新的农村集体土地制度改革中，坚持集体土地所有权就是要坚持其本质属性，在不可分割的基础上平等实现集体土地对集体成员的社会保障利益，一切改革措施必须在此基础上实现集体成员的利益。

其次，"集体"一词在中国汉语中即表示"非单个人"的意思，是由相互依存的个体构成的组织整体，即"集体"蕴涵着"共同"的含义，所

---

❶ 王利明教授和周友军教授认为农民集体所有为总有，指出：第一，农民作为成员和集体共同对集体财产享有所有权，这与总有相似。在总有之下，团体和成员都享有所有权，要实现对所有权的质的分割。第二，集体财产的管理和处分需要得到农民全体的同意，或者通过表决的方式来决定。在总有之下，标的物的管理和处分，也必须得到全体成员的同意，或者基于团体的规约，或者通过多数来决定。第三，农民作为成员享有的权利是以其身份为基础的。在总有之下，团体成员的使用收益权也与其成员的身份密切联系在一起，因其身份的得丧而得丧。第四，农民对集体财产所享有的权利是潜在份，不能请求分割。在总有之下，成员对总有财产的应有份不具体划分，是潜在份，不能要求分割、继承或转让。参见王利明，周友军. 论我国农村土地权利制度的完善 [J]. 中国法学，2012（1）；韩松教授在《中国农民集体所有权的实质》一文持类似观点，参见韩松. 中国农民集体所有权的实质 [J]. 法律科学，1992（1）.

❷ 韩松. 我国农民集体所有权的享有形式 [J]. 法律科学，1993（3）.

以集体所有就是多个人的共同所有，"集体所有"实质上是一种带有总有性质的共同所有权形态。❶ 这种共有其独特之处，与一般法律意义上的共有有别，传统民法中的共有分两种，按份共有和共同共有。农民集体所有不是按份共有，因为按份共有中各个成员的份额是非常清晰的，他们之间是按照份额享有权利和履行义务的，但是农民集体中，农民在集体所有中享有的权利和义务是平等的，农民之间对共同所有的土地不存在每人多少份额之说，不存在按照所谓的份额来分享权利和履行义务，单个农民个人无权处分农村土地，也无权将土地由农民个人予以转让，即所有成员共同享有所有权，土地不可分割为每一个成员所有，否则就是土地的私有；而共同共有关系的存在是以"存在共有关系"为前提的，并有法定的共同规则，如夫妻和家庭共有。而显然农民之间不存在共同共有关系中的"共有关系"，农民之间不是因为身份关系，而是因为一定的地缘关系或者是因为居住共同体产生的一类特殊共有，并且共同共有关系中，各个成员对共有物虽然没有明确的份额，但事实上，这些份额是潜在存在的，在共有关系终止时，每个共有人的份额就显示出来了，但是农民集体所有正如上文所论述，该集体成员不以个人身份享有和行使集体所有权，并且不在集体财产中享受任何特定的份额。所以很显然我国农民集体所有不具备上述共同共有和按份共有的特征，农民集体所有是集体共有，这种共有不是共同共有和按份共有，而是一种特殊的共同共有。正如王利明教授所言："成员共同所有意味着，应当使集体财产与成员的收益具有密切的联系，否则就成为抽象的类似于'小全民'的所有，因此我们将其看成特殊的共同共有。明确集体共有实际上是一种特殊的共同共有。"❷

对农民集体的正确定性有利于对农民权利的保护，既然农民集体所有是一种特殊的共同共有，农民集体就有权利以所有权人的身份行使对土地的所有权，他们就有权享有对集体土地的占有、使用、收益和处分权利。农民集体是一个抽象的多数人的团体或集合体，需要一定的团体去行使所

---

❶ 余能斌. 现代物权法专论 [M]. 北京：法律出版社, 2002: 188.
❷ 王利明. 物权法研究 [M]. 北京：中国人民大学出版社, 2002: 304.

有权，去组织和管理土地，在这种共有关系中，各共有人不得脱离其团体而单独行使对土地的所有权权能，只能由其团体对土地实行统一的经营、管理。❶ 在我国，法律上对集体土地由村集体经济组织、村民委员会或者村民小组来经营管理。《物权法》第16条规定："对于集体所有的土地和森林、山岭、草原、荒地、滩涂等，依照下列规定行使所有权：（一）属于村农民集体所有的，由村集体经济组织或者村民委员会代表集体行使所有权；（二）分别属于村内两个以上农民集体所有的，由村内各该集体经济组织或者村民小组代表集体行使所有权；（三）属于乡镇农民集体所有的，由乡镇集体经济组织代表集体行使所有权。"但是，法律仅仅规定农民集体所有权的经营管理主体，而没有规定农民集体权的代表机构，这样在现实中，经营管理者实际上就演变为"所有权"主体。❷ 法律上对集体经济组织或者是村民委员会的权限没有什么规制和限制，导致这些经营管理者实质上成为所有者，经营管理者权限过于强大，因而导致集体所有权主体"虚位"，农民权益遭到侵害，事实上使农民失去了对土地的自决权。因为村民委员会的法律定位并非"村集体经济组织"，而是村民自治组织。虽然村民委员会担当村民自治组织的角色如此孱弱，以至于虚无，但作为基层政权组织的代表、行使行政权力的形象却深入人心。因此，这已导致村内并未真正形成法律所期待的可行使土地所有权的集体经济组织。❸ 目前，村民委员会委员一般由村主任等村干部把持，几乎丧失了代表村民利益的功能，成了个别村干部牟取私权，利用对土地的支配权欺压农民的工具，因此，所谓的集体土地所有实际上成了乡、村干部的个人所有。在有些地方，政府加强了对集体土地的控制和干预，也在一定程度上促成农民集体所有的名存实亡。❹ 集体组织的所有权几乎成为少数人的个人所有权，

---

❶ 余能斌．现代物权法专论［M］．北京：法律出版社，2002：190．

❷ 高富平．土地使用权和用益物权——我国不动产物权体系研究［M］．北京：法律出版社，2001：388．

❸ 陈小君．农村土地制度的物权法规范解析——学习《关于推进农村改革发展若干重大问题的决定》后的思考［J］．法商研究，2009（1）．

❹ 王卫国．中国土地权利研究［M］．北京：中国政法大学出版社，1997：97．

他们将集体土地所有权的收益不法据为己有，牟取私利，造成集体土地所有权主体的虚位。农民的话语权遭到侵害，农村土地利用率低下，耕地流失、土地使用分配不公，损害了农民的合法权益，影响了农村经济落后和政治稳定。

通过以上分析可以看出，现行的集体土地所有权制度的最大弊端就是农民还没有明晰、可靠和长久的土地产权。要解决我国农村集体土地所有权虚位问题，就要明确农村集体所有土地的所有权主体为农村集体，由全体农村成员集体共有，由集体经济组织或者村民委员会经营管理，并在法律中严格限定他们的职权。要实现农民对集体土地的自决权，就要确立"集体所有、共同使用"，农民集体所有权的行使，要体现农民集体成员的共同意志和利益，加强农民行使权利的方式和途径和行使集体土地所有权的代表，建立反映农民意志的代表机构，村民代表大会就是其行使权利的最好形式。村民可以通过村民代表大会形成集体共同意志，在实践中维持我国农村集体土地所有权制度的前提下，完善村一级集体经济组织或者是村委会本身的运行机制，协调好村内集体经济组织内部关系，处理好村民和村委会外部关系，并在相关法律中进一步明确其法律地位，强化村民代表大会的职责，使其成为农民维权的工具，发挥集体成员在法律领域的主体性，使他们直接参与到村委会成员的选任和罢免，在农村权利体系构建中，对农民权利行使程序作出相关法律规定。

第二节　农村集体土地所有权主体明晰化

虽然集体土地所有权的地位已经在我国宪法和法律中有了明确的规定，在现阶段中国制度变迁的背景之下，集体土地所有权的权利主体仍是一个值得深思和研究的问题，其中最大的问题就是农村集体所有权主体"虚位"以及抽象性。

一、农村集体土地所有权主体的弱化

根据我国相关法律规定，集体所有权本来是全体集体成员所有，但遗

憾的是，集体土地所有权在实践中却被有意无意的轻视甚至忽视了，并且在理论研究中，有部分学者坚持继续"虚化"集体所有权主体，❶ 在一定程度上加深了对此问题的误解。

《宪法》第10条第2款规定："农村和城市郊区的土地，除由法律规定属于国家所有的以外，属于集体所有；宅基地和自留地、自留山也属于集体所有。"该条规定确认了农村和城市郊区的土地除属于国家之外，均属于农村集体所有，确立了农村集体所有制，但遗憾的是，该条规定并未进一步地明确农村土地的具体的所有者。为了回应这一问题，《民法通则》进行了补充，在第74条第1款规定"劳动群众集体组织的财产属于劳动群众集体所有"，并就集体所有的财产进行列举式规定，试图以"劳动群众集体所有"来界定集体所有权的主体，弥补《宪法》中农民集体所有中的主体缺失这一遗憾，但是，这一表述仍未能解决集体所有权的具体归属问题。《土地管理法》第8条第2款规定："农村和城市郊区的土地，除由法律规定属于国家所有的以外，属于农民集体所有；宅基地和自留地、自留山，属于农民集体所有。"《土地管理法》采用"农民集体所有"的表述，与《民法通则》中"劳动群众集体所有"的表述相似，仍然是比较抽象的。要明确农村土地的归属，必须解决集体所有权的主体问题，尤其是农民对土地所享有的权益问题。《宪法》《民法通则》《土地管理法》三部法律中，均承认了农村集体所有，并使用了不同的称谓"集体所有""劳动群众集体所有""农民集体所有"。从立法的目的来看，这三种表述虽然在称谓上不同，但是实际表达的内涵是一致的，即农村土地属于集体所

---

❶ 韩松. 坚持农村集体土地所有权 [J]. 法学家，2014（2）. 例如，刘俊教授就主张将集体土地所有权人的权利抽空，不再给予其任何具体的土地权利内容与空间，让这种现在本来就没有任何实际意义的集体土地所有权，在法律和事实上继续"虚化"。对于土地利用权（承包土地使用权、农村建设用地使用权、宅基地使用权）而言，应该做"实"，并在法律上最大限度地明晰土地利用权。农村土地产权制度改革的最终目标乃是在继续巩固和严格保护农民的土地利用权基础上，宣布将有其名无其实的集体土地所有权归为国家所有。参见刘俊. 土地所有权国家独占研究 [M]. 北京：法律出版社，2008. 还有其论文《我国集体土地所有权法律制度改革——方向与出路》（刘云生. 中国不动产法研究第五卷. [M]. 北京：法律出版社，2010.）的相关论述。

有，只不过在具体的所有权的行使主体上，缺少具体的规定。简言之，上述立法强调了农民集体土地所有权的重要性及其地位，但是并未明确集体土地所有权的主体，由此导致在理论研究中争议的存在。

所有权的主体制度对主体权利的行使及其保护至关重要，如果主体缺失，将导致民事法律关系的无法确定以及权利内容无法行使，这不利于我国农地产权制度的构建，集体土地所有权是农地产权的基础因素，如果其主体无法确定，则在其基础上所衍生出的对农地的利用将无法落实，我国农村土地承包经营权也将面临着无法破解的理论障碍。诚然，集体土地所有权在我国历经长时间的发展和实践，确实面临着无法准确界定的问题，甚至有学者认为，集体所有权的主体模糊是经过审慎考虑之后的"有意的制度模糊"，起到了搁置争议、减少矛盾的历史作用，❶这一看法在特定的历史时期也许是正确的，但是在当前我国农村土地改革以及"三权分置"政策背景下，必须要面对农村集体土地所有权主体的"虚化"，明确集体土地所有权主体也是不可回避的一个问题，集体土地的权利归属是农地产权制度的核心，必须明确化。

关于农村集体土地所有权的归属，我国法律曾试图进行规定，但是仍不尽人意，同样存在着规定过于模糊，用语不够准确和清晰等问题。

《民法通则》第74条中明确规定："集体所有的土地依照法律属于村农民集体所有，由村农业生产合作社等农业集体经济组织或者村民委员会经营、管理。已经属于乡（镇）农民集体经济组织所有的，可以属于乡（镇）农民集体所有。"《土地管理法》第10条规定："农民集体所有的土地依法属于村农民集体所有的，由村集体经济组织或者村民委员会经营、管理；已经分别属于村内两个以上农村集体经济组织的农民集体所有的，由村内各该农村集体经济组织或者村民小组经营、管理；已经属于乡（镇）农民集体所有，由乡（镇）农村集体经济组织经营、管理。"这两部法律虽在肯定农村集体土地所有的基础上，对"三级所有、队为基础"

---

❶ 陈丹，唐茂华. 中国农村土地制度变迁60年回眸与前瞻［J］. 城市，2009（10）.

体制予以规定,确立了农村土地属于"农民集体",但并没有明确"农民集体"的特定含义,仍未落实农民对集体土地所享有的具体权益。1998 年修订的《土地管理法》首次明确提出"农民集体"的概念,2002 年的《农村土地承包法》与 2007 年的《物权法》逐步明确农民集体为集体土地和财产(动产和不动产)的所有者地位。从传统民法学观之,农民集体不是一个严格的法律术语,"农民集体"作为权利主体并不存在于以古罗马简单商品经济为基础的大陆法系法律制度中;而从我国现行法规定来看,农民集体的"主体形态与现行民法科学无法衔接"。❶ 农民集体不能成为法律关系的主体的原因在于,它是一个抽象的、没有法律人格的意指全体农民的集合群体,仅是我国传统公有制理论在政治经济上的表述。❷ 2007 年《物权法》对这一问题进行探索性的规定,试图解决农民集体土地所有权主体缺失这一问题。确立了在国家所有权、集体所有权和私人所有权三分法下的"一体承认、平等保护"原则,❸ 按照《物权法》第 60 条的规定,"对于集体所有的土地和森林、山岭、草原、荒地、滩涂等,依照下列规定行使所有权:(1) 属于村农民集体所有的,由村集体经济组织或者村民委员会代表集体行使所有权;(2) 分别属于村内两个以上农民集体所有的,由村内各该集体经济组织或者村民小组代表集体行使所有权;(3) 属于乡镇农民集体所有的,由乡镇集体经济组织代表集体行使所有权。"《物权法》所规定的农地所有权主体——"农民集体",具体表现为"村农民集体""村民小组农民集体"和"乡(镇)农民集体"。虽然对"农民集体"进一步细化,但是仍未触及这个主体的实质,仍未能具体界定何为农民集体。由于这种抽象性和概括性的规定,造成理论上所言的农村集体土地所有权主体"虚化""弱化"或者"缺失"等认定,无法全面行使集体土地所有权以及保护农民的合法权益。"农民集体所有"这一

---

❶ 孙宪忠. 确定我国物权种类以及内容的难点 [J]. 法学研究, 2001 (1).
❷ 胡君, 莫守忠. 集体土地所有权主体的反思与重构 [J]. 行政与法, 2005 (12).
❸ 孙宪忠. 再论我国物权法中的"一体承认、平等保护"原则 [J]. 法商研究, 2014 (2).

模糊的表述，既没有否认农民是土地的所有权者，但也无法做到让农民真正意义上享有土地所有权。这一状况造成权利真空，使得各种农民实体都可以行使所有者的权利。❶ 从我国农地制度的变迁历史可知，从初级社、高级社、人民公社化，到"三级所有，队为基础"的集体农地所有制，再到家庭承包经营为基础的集体农地所有制，我们的集体农地所有权制度没有发生大的变化，❷ 虽然每个阶段农地所有权主体表现形式和称谓存在差异，但都是"集体"。之所以造成实践和认知上的困惑，关键是未能就"集体"进行有效地阐述。在农地集体所有权制度外部，未能考虑利益相关主体；在农地集体所有权制度内部，未能关注农民集体与农民个体以及中间组织之间的关系。❸ "同时由于'农民集体'的模糊性，导致与之相关连的'集体成员'不能真正实现成员直接享有对土地的权益。"❹ 在寻求农村集体土地所有权主体的过程中，很多学者将研究重点放置在《物权法》的相关规定上。

学者对《物权法》第 59 条的规定进行全面分析，但是学者的分析结果不尽相同，存在着不同的观点，有部分学者认为《物权法》第 59 条仍未解决农村集体土地所有权的归属，认为"《物权法》立法技术上的统一规定体现了'一体承认、平等保护'的立法精神，但具体条文中却降低了农民集体所有权的独立品格及其在构建农地权利体系中的核心"❺ 另以王利明教授为代表的学者，充分肯定了《物权法》第 59 条对解决农村集体

---

❶ 罗伊·普罗斯特曼，蒂姆·汉斯达德，李平. 中国农村土地制度改革：实地调查报告 [J]. 中国农村经济，1995（3）：43.

❷ 梁亚荣，陈利根. 我国农地所有权制度的变迁与创新 [J]. 华南农业大学学报（社会科学版），2006：（2）.

❸ 童列春. 中国农地集体所有权制度理论解惑与重述 [J]. 南京农业大学学报（社会科学版），2018（2）.

❹ 陈小君. 我国农民集体成员权的立法抉择 [J]. 清华法学，2017（2）：46-55.

❺ 陈小君. 我国涉农民事权利入民法典物权编之思考 [J]. 清华法学，2017（2）. 这一观点，同样反映在陈小君教授的另一篇文章中，参见陈小君. 农村土地制度的物权法规范解析 [J]. 法商研究，2009（1）.

所有权主体虚化做出的贡献。❶ 本书认为,《物权法》虽未能解决农村集体土地所有权主体缺失或者"虚化"这一根本性问题,但是毕竟对我国农村集体土地所有权主体的明确化做了重要指导,为完善我国农村集体土地所有权的归属进行了有益的探索,并提供了可行的完善路径和方案,为我国深化农村土地制度改革以及"三权分置"提供了重要的理论基础。

《物权法》第 59 条第 1 款规定,"农民集体所有的不动产和动产,属于本集体成员集体所有"。第 2 款就本集体成员的决定权进行了详细规定:"下列事项应当依照法定程序经本集体成员决定:(一)土地承包方案以及将土地发包给本集体以外的单位或者个人承包;(二)个别土地承包经营权人之间承包地的调整;(三)土地补偿费等费用的使用、分配办法;(四)集体出资的企业的所有权变动等事项;(五)法律规定的其他事项。"

《物权法》第 59 条第 1 款明确了农民集体所有的财产属于本集体成员集体所有,第一次提出"本集体成员集体所有"这一概念,将《宪法》《民法通则》《土地管理法》等法律中的"集体所有"或者"农民集体所有"等进一步细化,界定为"集体成员集体所有",这一称谓既是对上述立法的承袭,进一步强调了农村集体土地所有这一土地制度,是对土地公有制二元结构的落实,由此被学者解读为,我国立法上确认了"集体所有权主体的复合结构"集体+集体成员。❷ 同时《物权法》的这一规定,力

---

❶ 王利民教授和周友军教授认为依据《物权法》第 59 条第 1 款的规定:"农民集体所有的不动产和动产,属于本集体成员集体所有。"该规定与其他法律的规定并不完全一致。这并不是简单的概念改变,而是立法者深思熟虑的结果,包含非常丰富、深刻的内容。作为规范财产关系的基本法律,《物权法》试图通过引入"成员权"概念来明确集体所有权的主体。为了进一步落实成员权,该法第 59 条第 2 款规定了集体成员对于集体重要事项的决定权,第 62 条规定了集体成员对集体财产的知情权,第 63 条第 2 款还规定了集体成员的撤销权。所以,如何把握《物权法》的这些规定,从而推进我国集体土地所有权制度的完善,是学界应当重视的问题。参见王利明,周友军. 论我国农村土地权利制度的完善 [J]. 中国法学,2012(1).

❷ 崔建远. 物权:规范与学说——以中国物权法的解释论为中心 [M]. 北京:清华大学出版社,2011:392.

图通过"成员权"这一概念使农村集体土地所有权主体明确化,并在第59条的第2款通过成员权的具体权利内容再次予以宣示,借助"成员权"的规定落实农村集体土地所有权的归属,集体土地所有权从政治意义或者公法角度而言,主体仍然为"集体"自身,而从私法角度讲,主体则明确为"集体成员",以便从法技术上解决集体所有权的主体虚化问题。"《物权法》的规定一方面继续维持集体的概念,同时,通过成员权制度来使得产权主体进一步明晰化,通过落实成员权使权利义务更为清晰,尤其是在法律上要宣告集体所有的财产(包括土地)为集体组织成员集体所有,集体事务集体管理、集体利益集体分享"。❶《物权法》第62条规定,"集体经济组织或者村民委员会、村民小组应当依照法律、行政法规以及章程、村规民约向本集体成员公布集体财产的状况",此条款进一步落实农民集体的知悉权,第63条规定,"集体所有的财产受法律保护,禁止任何单位和个人侵占、哄抢、私分、破坏。集体经济组织、村民委员会或者其负责人作出的决定侵害集体成员合法权益的,受侵害的集体成员可以请求人民法院予以撤销"。这一条款规定了农民集体成员合法权益受到法律保护,在遭受侵害时,可以通过诉讼程序请求人民法院予以撤销。《物权法》的上述规定,在肯定集体土地所有权的前提下,进一步就农民集体成员的权益进行详细规定,这为解决农民集体土地所有权虚化提供了可行的解决思路。"解决集体土地所有权主体过于抽象、农民权利的虚化问题。《物权法》为了解决因为集体所有权主体的高度抽象和农民权利虚化问题,提出了'成员集体所有'的新路径。"❷集体的财产包括动产和不动产,在通过《物权法》的上述规定确定为集体成员所有,当集体的财产受到侵害时,集体成员可以通过法定程序维护自身的合法权益,并在一定程度上,减少本集体经济组织或者是村委会等负责人利用特权侵害农民的合法权益或者侵吞集体财产的情形。党的十七届三中全会通过的《中共中央关于推

---

❶ 胡康生. 中华人民共和国物权法(释义)[M]. 北京:法律出版社,2007:141.

❷ 王利明,周友军. 论我国农村土地权利制度的完善[J]. 中国法学,2012:(1).

进农村改革发展若干重大问题的决定》指出："必须切实保障农民权益，始终把实现好、维护好、发展好广大农民根本利益作为农村一切工作的出发点和落脚点。"在农土地改革中，必须将保护农民的合法权益放在首位，突出农民的权利主体地位，而成员集体所有突出了成员的主体性，与十七届三中全会的精神相符，更注重农民权益的保障。

"农民集体所有"和"农村成员集体所有"虽然在词语的表述上不同，在功能上亦无异，均是农村集体土地所有权的主体，但是两者在本质上的区别非常明显，"农村成员集体所有"更凸显了在农村集体土地所有权的享有主体上，对集体成员也就是农民合法权益的保护。《物权法》第59条虽然并未担当起消除农村集体土地所有权主体"虚化"这一重任，但是毕竟为保护农民合法权益，以及所有权的行使提供了理论依据，为解决农村集体土地所有权主体虚化在理论上提供了可行性方案和思路。"成员集体所有"的提出具有划时代的意义，进一步厘清了农地集体所有权制度外部相关利益主体以及在农地集体所有权制度内部，关注了农民集体与农民个体之间的关系。《物权法》尝试以"成员集体所有"的表述突出农民的所有权主体地位，这就可以实现土地权属和土地利用的结合，从而为农村社会的长远发展奠定制度基础，❶成员集体所有实现了土地权利归属和土地利用的结合。但是，《物权法》并未进一步对"成员集体所有"进行规定，"成员集体所有"的内涵以及法律性质并不明确，在此基础上存在的"成员权"的概念以及权利内容也未明确化，仅仅通过《物权法》第63条第2款的相关规定，不足以保护成员权的合法权益。这些内容在民法典物权法编中需进一步作出规定，予以完善。

---

❶ 王利明，周友军．论我国农村土地权利制度的完善[J]．中国法学，2012(1)．在本文中，王利明教授和周友军教授进一步指出：成员集体所有突出了成员的主体性，注重农民权益的保障。土地权利制度就是分享土地资源和土地财富的制度。党的十七届三中全会通过的《中共中央关于推进农村改革发展若干重大问题的决定》指出："必须切实保障农民权益，始终把实现好、维护好、发展好广大农民根本利益作为农村一切工作的出发点和落脚点。"在农村土地权利制度方面，这一点表现得尤其突出。"成员集体所有"明确了成员本身也是所有权主体，这就密切了农民和土地的利益关系，从而有利于保障农民的权益。

二、农村土地成员集体所有与农村集体经济组织所有

(一) 农村集体土地成员所有与公有制不同

在我国农地所有权可以从两个不同的法律层次进行解释,❶ 一是农地所有权法律属性,这一问题与我国土地公有制相关;二是农地所有者的私法上的权利,即将土地所有权作为一项民事权利。在界定农村集体土地所有权归属这一问题,首先要对农地所有权性质进行界定。"土地的集体所有并不仅仅反映一种单纯的经济关系,作为一种地权划分方式,它是种种复杂的权力关系的一个集结,反映了国家对于农村启动全面治理的过程。"❷

也许是肇始于我国立法的相关规定,在农地所有权的性质探讨中,一直存在着公权力和私权利的博弈。

《宪法》第 10 条第 1 款规定:"城市的土地属于国家所有。农村和城市郊区的土地,除法律固定属于国家所有的以外,属于集体所有;宅基地和自留地、自留山,也属于集体所有。"社会主义公有制的宪法定位决定了我国农地的公有制性质,这条规定以宣示性的规定,确认了我国土地的权利归属,实行土地的二元化结构,土地属于国家和集体所有,这是一种具有公法性质的权利归属规定,是我国土地公有制的最权威的规定。由此,也为我国农地的公有制性质奠定了基调,"尽管集体土地所有权也因所负载的政治伦理价值而被意识形态化,长期偏离了民事权利的应有之意,其私权本质面目全非,在计划经济时期甚至曾经被学界多数学者认为

---

❶ 也有学者认为,集体土地所有权糅合了公法层面的治理功能、生存保障功能以及私法层面的市场化私权功能,是具备三重功能属性的集合体,集体土地从治理和生存保障工具逐渐转变为具备实体权利义务关系的私权规范,是伴随着国家公权力在乡村的逐步退却,以及农村集体组织自身的实体化而得以实现的。参见汪洋. 集体土地所有权的三重功能属性——基于罗马氏族与我国农村集体土地的比较分析 [J]. 比较法研究,2014 (2).

❷ 赵晓力. 通过合同的治理——80 年代以来中国基层法院对农村承包合同的处理 [J]. 中国社会科学,2000 (2): 120-133.

是公权"。❶ 不可否认，农村集体土地所有权具有公权力的色彩和性质，集体土地所有权是一种特殊的所有权类型，其权利的行使具有特殊性，集体土地上的所有权是一个可以分层次的二元结构的权利体系，"第一层次的权利，是集体土地所有权主体在公有权内部结构中所享有的一种具有管理性质的公共权力，这种权力是集体土地所有权能够存在和发展的基石，具体可以分为公共发展权、使用分配权、土地回收权"。❷ 但是，农村集体土地的公权力与所有制是完全不同的。

所有制和所有权的适用语境是不同的，所有制是政治范畴的用语，而所有权是法律范畴的用语，它们具有不同的逻辑机构和理论基础，但是由于我国长期受苏联法律理论的影响，造成了所有制和所有权混同的局面。❸ 政治范畴的所有制与法律范畴的所有权不是对应关系，带政治属性的国家或者集体所有制在法律上表现为国家所有权或者是集体所有权。所有制是指一定社会中，因占有生产资料和劳动产品而发生的经济关系。所有制关系是社会生产关系的核心和基础，它决定着人们在社会生产中的相互关系和产品分配的行使，它是上层建筑与经济基础关系的反映。而所有权是指所有权人对其所有的财产所享有的一种占有、使用、收益和处分的权利。所有制是所有权人行使所有权活动的社会规范，所有权是决定社会生产劳动的目的和对象，具体到农村集体土地上，所有制和所有权之间的关系，《中国大百科全书》也认为"劳动群众集体所有权是指劳动群众集体所有

---

❶ 刘道远. 集体地权流转法律创新研究［M］. 北京：北京大学出版社，2011：31.

❷ 马俊驹，丁晓强. 农村集体土地所有权的分解与保留——论农地"三权分置和"的法律构造［J］. 法律科学（西北政法大学学报），2017（3）.

❸ 斯大林将原本属于经济基础范畴的所有制概念等同于上层建筑领域的所有权。斯大林的观点对苏联民法理论产生重要影响。这一观点在苏联民法理论上突出表现为两方面：一是把所有制表述为一定社会里的物质财富的归属（管领）；二是将属于经济基础意义上的所有制概念加入人的意志因素。这是因为在具体的所有制关系中，参加者是有意志和意识的人。参见孙宪忠. 中国物权法总论（第三版）［M］. 北京：法律出版社，2014：141-142；B.Ⅱ. 格里巴诺夫，C.M. 科尔涅耶夫. 苏联民法［M］. 中国社会科学院法学研究所民法经济法研究室，译. 北京：法律出版社，1984：271-272.

制组织的财产所有权""农民集体土地所有权是反映农民集体土地公有制的所有权制度,成员集体对本集体土地的所有是多数人的共同所有,可以称为集体共有"。❶ 我们既要坚持农村集体土地所有权,又要维护集体公有制,"公有制始终对农地产权制度设计和改革发挥着客观的、基本价值取向的作用",❷ 但同时要警惕公权力对私权利构成的现实和潜在的威胁,这是解决我国农村集体土地问题中最为关键的问题,"在强调社会主义公有制的意识形态背景下,一方面要避免过度强调'国家优位',片面要求与土地共命运的农民和农民集体服从于国家土地政策、服从国家土地利益,忽视了集体土地所有权作为法律制度的规范特性,致使集体土地所有权主体具有较为突出的公法性,行政权力也随之侵入集体所有权主体权力行使的民事活动中。"❸

《宪法》第 10 条的规定,宪法所规定集体所有的性质,学界主要存在制度说和法权说两种看法,但学界多数认为宪法中的集体所有与国家所有就是一法权,即所有权。❹ 农村集体土地所有权,既是一项公有权,又是一项脱胎于公权力的私权利,其私法性权利表现为其是集体土地所有权者所享有的一种能够以自己的意愿,自主参与社会经济产生活动的财产权,这种财产权具有私权的性质属性,权利的行使方式完全遵循着物权法所调整的所有权关系的基本原则,行使所有权的占有、使用、收益和处分权能以实现所有者对其所有财产的所有权。在《物权法》中,就集体所有权进

---

❶ 韩松,姜战军,张翔. 物权法所有权编 [M]. 北京:中国人民大学出版社,2007:103-107.

❷ 高飞. 集体土地所有权主体制度研究 [M]. 北京:法律出版社,2011:133.

❸ 陈小君,王景新,石佑启,等. 农村土地问题立法研究 [M]. 北京:经济科学出版社,2012:173-174.

❹ 姜红利. 农地三权分置之下土地所有权的法律表达 [J]. 法学家,2017 (5). 制度说认为,宪法规定的财产所有只是一种保障制度或资格,并不等于所有权本身。参见徐祥民. 自然资源国家所有权之国家财产说 [J]. 法学研究,2013 (4):35. 法权说认为,宪法规定的集体所有并非制度,而是所有权。参见瞿灵敏. 如何理解"国家所有"?——基于对宪法第 9、10 条为研究对象的文献评析 [J]. 法制与社会发展,2016 (5):99.

行了专门规定,从立法而言,集体土地所有权是私法中所有权的类型,此私法权利属性是其本质属性。《物权法》第 4 条规定:"国家、集体、私人的物权和其他权利人的物权受法律保护,任何单位和个人不得侵犯。"在《物权法》的第二编所有权的规定中,第 39 条规定:"所有权人对自己的动产或者不动产,依法享有占有、使用、收益和处分的权利。"在该法第五章国家所有权和集体所有权、私人所有权中,在第 58~63 条对集体所有权进行了全面规定。❶"中国物权法体系建立在公有制之上,土地为国有或

---

❶ 《物权法》第 58 条 集体所有的不动产和动产包括:
(一) 法律规定属于集体所有的土地和森林、山岭、草原、荒地、滩涂;
(二) 集体所有的建筑物、生产设施、农田水利设施;
(三) 集体所有的教育、科学、文化、卫生、体育等设施;
(四) 集体所有的其他不动产和动产。
第 59 条 农民集体所有的不动产和动产,属于本集体成员集体所有。
下列事项应当依照法定程序经本集体成员决定:
(一) 土地承包方案以及将土地发包给本集体以外的单位或者个人承包;
(二) 个别土地承包经营权人之间承包地的调整;
(三) 土地补偿费等费用的使用、分配办法;
(四) 集体出资的企业的所有权变动等事项;
(五) 法律规定的其他事项。
第 60 条 对于集体所有的土地和森林、山岭、草原、荒地、滩涂等,依照下列规定行使所有权:
(一) 属于村农民集体所有的,由村集体经济组织或者村民委员会代表集体行使所有权;
(二) 分别属于村内两个以上农民集体所有的,由村内各该集体经济组织或者村民小组代表集体行使所有权;
(三) 属于乡镇农民集体所有的,由乡镇集体经济组织代表集体行使所有权。
第 61 条 城镇集体所有的不动产和动产,依照法律、行政法规的规定由本集体享有占有、使用、收益和处分的权利。
第 62 条 集体经济组织或者村民委员会、村民小组应当依照法律、行政法规以及章程、村规民约向本集体成员公布集体财产的状况。
第 63 条 集体所有的财产受法律保护,禁止任何单位和个人侵占、哄抢、私分、破坏。
集体经济组织、村民委员会或者其负责人作出的决定侵害集体成员合法权益的,受侵害的集体成员可以请求人民法院予以撤销。

集体所有，集体土地所有权适用私法的诸多规范，实具私法所有权的性质。"❶所以，由私法性质的《物权法》所调整的集体土地所有权具有私权属性，其所有权理应由私法规范所调整。

(二) 农村集体土地所有与集体经济组织所有不同

《宪法》《土地管理法》《民法通则》和《物权法》等法律的规定，已经确定了农村土地的"集体所有"或者"集体成员所有"，从这个角度讲，农村土地的权利归属是明确的。而《物权法》第60条规定："对于集体所有的土地和森林、山岭、草原、荒地、滩涂等，依照下列规定行使所有权：(一) 属于村农民集体所有的，由村集体经济组织或者村民委员会代表集体行使所有权；(二) 分别属于村内两个以上农民集体所有的，由村内各该集体经济组织或者村民小组代表集体行使所有权；(三) 属于乡镇农民集体所有的，由乡镇集体经济组织代表集体行使所有权。"此条规定除了"农民集体"这一术语，同时出现了"集体经济组织"和"村民小组"，由此再次引发了学术界对集体土地所有权主体的争论，❷"两者实为一体，还是各自分立？"❸同时这种理论上的不确定性以及争论直接影响

---

❶ 王泽鉴. 物权法上的自由和限制 [A]. 制定科学的民法典——中德民法典立法研讨会文集 [C]. 北京：法律出版社，2003：227.

❷ 关于这一问题的争议，部分学者认为"农民集体首先是农村一定社区范围、与社区地域联系的居民群体，即人的集合体，从整体意义上讲，一个集体就是一个组织，也就是集体组织"。在法律理论上，可以从注重成员利益出发，将其解释为"农民成员集体"，也可以从便利交易出发，将其解释为"集体组织"。两种解释的出发点、制度内涵和社会效果截然不同。学界存在农地所有权主体是"农民成员集体"还是"集体组织"的争论。将"集体"作为法律术语使用时，必须先行解决"何谓'农民集体'，以及这三种'农民集体'之间的关系如何理顺？"也有学者认为，"集体"作为农村土地所有权之主体，是一系列政治运动的产物，其创制之初就没有遵循法律的制度逻辑。相关观点参见韩松. 我国物权立法中规定集体所有权的思考 [J]. 法学杂志，2005 (4)；王权典. 我国农地所有权的法律剖析 [J]. 南京农业大学学报 (社会科学版)，2005 (2)；陈小君，高飞，耿卓，等. 农村土地法律制度的现实考察与研究：中国十省调研报告书 [M]. 北京：法律出版社，2010：203.

❸ 于飞. "农民集体"与"集体经济组织"：谁为集体所有权人？——风险界定视角下两者关系的再辨析 [J]. 财经法学，2016 (1).

农业社会实践，全国各地出现了多样化的"农民集体"形式，有的地方既有村民委员会和村民小组，又有新型的农业合作社或农工商公司，有的地方虽没有乡（镇）一级的集体经济组织，但却由乡（镇）成立了资产管理公司或农工商总公司代行"农民集体"的职能，样式不同的"农民集体"相互混沌存在，甚至造成了农民都搞不清楚自己到底属于哪个集体。集体土地所有权的主体到底是"农民集体"还是"集体经济组织"？是农民集体所有权还是集体经济组织所有权？对上述概念之间的区分存在理解上的差异，由此造成了上述问题的争端，本书认为，农民集体无论在财产还是在权利上，都存在与"集体经济组织"或者"村委会"本质上的区别，厘清"农民集体"与相关概念之间的外部边界，是破解这一问题的关键。

1. 农民集体

从语义角度而言，"农民集体"中的"集体"通常是意指许多人合起来的有组织整体，❶具体到农村集体土地中的"农民集体"，是指由一定范围内的农民所组成的整体，他们在农村特定的区域范围内，以农村生产资料为基础，进行农业生产。立法上以自然居住村落划分"农民集体"及其成员的做法来源于1962年"公社六十条"的规定，农民集体是一个群体性概念，指一定地域范围内农民组成的农民成员集体。从一定意义上讲，农民集体首先是农村一定社区范围、与社区地域联系的居民群体，即人的集合体，从整体意义上讲一个集体就是一个组织，也就是集体组织，所以从这个角度而言，农民集体就是一个集体组织。这个组织的相关内涵和特征并未在相关的立法中明晰，但是根据我国政府发布的相关的政策文件，可以解读出农民集体这个组织具有以下特征。

第一，"农民集体"是人的集合体，具有群体性和整体性。我国历史上经过土改运动以及农地改革，将分散的农民按照自然形成的村落集中在一起，按照行政区域将农民分为不同的小组或者大队，这些小组和大队一起组成了一个整体，由此划分为村小组农民集体以及乡镇农民集体。农民

---

❶ 中国社会科学院语言研究所词典编辑室. 现代汉语词典 [M]. 北京：商务印书馆，2005：640.

集体，具有乡镇农民集体、村农民集体、村内（农村集体经济组织的）农民集体（村民小组农民集体）三种形式，❶农民集体的权利行使以一种群体性的方式表达出来，在人口数量上具有复数特征。

第二，农民集体具有私法和公法性质。如上文所述，"农民集体"的设立并非由农民自愿依法定条件设立，而是由国家行政命令成立，其主要是由公法而设定，成立后的农民集体的成员可以以自己的意思表示行使一定的民事权益，因此具有私法性质，农民集体是由公法和私法共同规定而获得主体地位。农民集体内涵包括：特定的农民群体、农村集体经济组织和农业社区自治单位等方面内涵，农民集体在私法关系中作为农地集体所有权主体。在市场活动中"农民集体"只能承担有限的风险责任，不得因为生产经营不善而破产。❷

第三，农民集体的设立功能具有特殊性。农民集体的设立是为了特定的农业生产，建立在特定农业资源基础之上的群体，以农业生产为主要工作，群体进行农业活动时，具有组织农业生产协作的功能。农民集体作为农业生产群体，既为集体成员提供必要的生活和生产资料，同时保障我国农业生产的稳定，保障整个社会粮食安全。

第四，农民集体作为整体性主体，是农民成员权益实现的工具。农民集体的群体意志来源于农民成员的个体意志，农民集体的意志区别于农民成员的个体意志，农民集体的重大事务须由农民成员意志决定。《土地管理法》第15条规定："农民集体所有的土地由本集体经济组织以外的单位或者个人承包经营的，必须经村民会议三分之二以上成员或者三分之二以上村民代表的同意，并报乡（镇）人民政府批准。"农民集体组织保障农民成员权益的实现，《农村土地承包法》第5条规定："农村集体经济组织成员有权依法承包由本集体经济组织发包的农村土地。任何组织和个人不得剥夺和非法限制农村集体经济组织成员承包土地的权利。"

---

❶ 陈小君. 我国农民集体成员权的立法抉择 [J]. 清华法学，2017（2）.
❷ 童列春. 中国农地集体所有权制度理论解惑与重述 [J]. 南京农业大学学报（社会科学版），2018（2）.

第五，农民集体具有相对的稳定性。农民集体由农民成员组成，这些成员一般是按照一定的行政区域划分组合在一起的，而行政区域具有稳定性，因此，成员组成具有相对的稳定性，但是这种稳定只是相对，在某些特殊情况下，也会导致成员的变动，由此引发农民集体的整体变化，如由于成员的死亡、农村女性的外嫁、新成员的出生，等等，集体成员的变动会引发一定的法律关系变动，尤其会引发农村土地承包经营权等的变动。

2. 农民集体经济组织

由于立法规定的模糊性，导致学术界对农民集体经济组织存在不同的见解，❶《中华法学大词典》认为："集体组织所有权又称劳动群众集体组织的财产所有权，是劳动群众集体组织占有、使用、收益和处分其财产的权利。是劳动群众集体所有制在法律上的表现。集体所有权没有全国性的统一主体，其主体是工业、农业、商业、修理和服务业等各方面的劳动群众集体经济组织。各个集体经济组织具有独立的法人资格……集体所有权的主体是集体组织，而不是组成这个集体的成员。"《宪法》第17条规定："集体经济组织在遵守有关法律的前提下，有独立进行经济活动的自主权。集体经济组织实行民主管理，依照法律规定选举和罢免管理人员，决定经营管理的重大问题。"《农村土地承包法》第13条规定："农民集体所有的土地依法属于村农民集体所有的，由村集体经济组织或者村民委员会发包；已经分别属于村内两个以上农村集体经济组织的农民集体所有的，由村内各该农村集体经济组织或者村民小组发包。村集体经济组织或者村民委员会发包的，不得改变村内各集体经济组织农民集体所有的土地的所有权。国家所有依法由农民集体使用的农村土地，由使用该土地的农村集体

---

❶ 有学者认为《宪法》《物权法》等法律对农村集体经济组织定位采取的是广义概念，致使其内涵和外延难以具体、明确。理论界对其概念内涵、边界范围存在认识上的多元化，有学者将其界定为范围很宽的概念，具体包括公社型集体经济组织、社区合作型集体经济组织和社区股份合作型集体经济组织，也有主张其范围应同时包含农村社区集体经济组织、供销合作社、信用合作社以及乡镇集体企业。参见沈德咏. 中华人民共和国民法总则（条文解释与适用）[M]. 北京：人民法院出版社，2017：687-688；李适时. 中华人民共和国民法总则释义[M]. 北京：法律出版社，2017：311.

经济组织、村民委员会或者村民小组发包。"按照上述法律以及《土地管理法》的相关规定，集体土地经营管理主体有村民委员会、村民小组、乡（镇）集体经济组织、村集体经济组织和组集体经济组织，集体经济组织作为农地集体所有权代行主体而存在。

2017年《中华人民共和国民法总则》（以下简称《民法总则》）出台后，农村集体经济组织的法人地位得以明确，《民法总则》第96条规定："本节规定的机关法人、农村集体经济组织法人、城镇农村的合作经济组织法人、基层群众性自治组织法人，为特别法人。"第99条规定："农村集体经济组织依法取得法人资格。法律、行政法规对农村集体经济组织有规定的，依照其规定。"赋予农村集体经济组织法人地位，主要是基于集体经济组织壮大发展的事实，确认其为法人，也便于农村的经济主体参与市场化，以提高经营管理集体资产的效益。但是按照《民法总则》的第99条规定，法律、行政法规对集体经济组织有规定的，依照其规定，也就是说，在我国并不是所有的集体经济组织都可以成为法人。《民法总则》第99条主要是对于已存在的农村集体经济组织而言，明确符合法人成立条件的农村集体经济组织，可以成为特定法人，依法登记，取得法人资格，并将之前以各种称谓存在的农村集体经济组织同样以特别法人的形式予以统一，让其改造后以法人形式代表农村依法参与社会经济活动；《民法总则》第101条的规定也说明了这一点，"居民委员会、村民委员会具有基层群众性自治组织法人资格，可以从事为履行职能所需要的民事活动。未设立村集体经济组织的，村民委员会可以依法代行村集体经济组织的职能"，此条规定也是为了便于村委会更好地发挥其职能，以及弥补没有农村集体经济组织地区的法人职能的缺失。在立法原意上，也并不是因为出台了《民法总则》的新规定而强制要求全国各地的农村全面改变现行的集体土地所有权行使主体形式。我国地域广泛，农村占全国面积的大部分，各地经济发展水平不同，受历史文化影响，发展差异较大，在目前情形下不宜一刀切。在全国实行集体经济组织法人化建设，理应在民法基本理论的指导下，结合我国农村实际因地制宜，明确农村中已存在集体经济组织的集体可以成立法人，依法进行法人登记，行使集体土地所有权，按照《民法总则》第 99 条成立特别法人后,由其行使集体土地所有权;而对于不具备成立集体经济组织条件的农民集体不强制改变现状,集体土地所有权仍由原来的村民委员会或村民小组代为行使。

3. 农民集体和农民集体经济组织之关系

农民集体和农民集体经济组织分别为农地集体所有权归属主体与代行主体。"农民集体"或者"农民集体成员"与"农民集体经济组织"在本质上是不同的几个概念,并且在农村集体土地所有权的归属以及行使上发挥着不同的功能,扮演着不同的角色。"农民集体"或者"农民集体成员"为农村集体土地所有权的主体,虽然这个主体是"虚位"的,但是亦不能抹杀其作为集体土地所有权主体这一事实。"集体经济组织"并不是我国农村集体土地所有权主体,其为农民集体行使所有权时的代行主体,"集体所有"或者"成员集体所有"❶ 不能被理解为作为集体的经济组织法人组织所有。

从相关立法而言,立法者的本意并未将两者等同对待,《宪法》第 17 条规定:"集体经济组织在遵守有关法律的前提下,有独立进行经济活动的自主权。集体经济组织实行民主管理,依照法律规定选举和罢免管理人员,决定经营管理的重大问题。"《土地管理法》第 10 条规定:"农民集体所有的土地依法属于村农民集体所有的,由村集体经济组织或者村民委员会经营、管理;已经分别属于村内两个以上农村集体经济组织的农民集体所有的,由村内各该农村集体经济组织或者村民小组经营、管理;已经属于乡(镇)农民集体所有的,由乡(镇)农村集体经济组织经营、管理。"《物权法》第 60 条以列举的方式规定了集体土地所有权,对于集体所有的土地和森林、山岭、草原、荒地、滩涂等,属于村农民集体所有的,由村集体经济组织或者村民委员会代表集体行使所有权;分别属于村内两个以上农民集体所有的,由村内各该集体经济组织或者村民小组代表集体行使所有权;属于乡镇农民集体所有的,由乡镇集体经济组织代表集

---

❶ 本书为了行文方便,在下文中如果不加特别说明,将"农民集体所有"和"农民集体成员所有"用"农民集体所有"代替。

体行使所有权。《土地管理法》第10条规定,属于农民集体所有的土地,由集体经济组织经营、管理,表明所有权权利主体与行使主体相区分,以保障"集体所有"与"集体经济"之分别实现以及"所有权"与"经营权"分离,改变倚仗于成员的"集体主义觉悟"实现集体经济的现状,摆脱"看似人人所有,实则无人所有"的困境❶,可知农村集体所有是从静态的角度规定了农村集体土地的权利归属,但是由于农村集体自身的模糊性,在实践中,由集体经济组织代行农民集体的所有权。在归属关系中,农民集体是有效主体,但在权利运行关系中,农民集体是无效主体,所以,针对这些群体性主体的运行缺陷,我国法律又规定农地集体所有权的代行主体。❷ 在集体所有上认为,集体所有其实是农户集体所有,而不是集体组织所有,集体组织是农户的代行主体。农村集体经济组织是"农民集体"的意志表达主体。依照《土地管理法》和《农村土地承包法》的上述规定,农村集体经济组织作为承包地发包方负有监督职责,用以确保承包地在符合农民集体意志的前提下经营,农村集体经济组织成为"农民集体"的意志表达载体,而"农民集体"缺乏直接的意志表达途径,立法者似乎并不需要其独立意志的出现,也并未对其直接表达怀有期待。❸

《民法总则》第96条确定了农村集体经济组织的特别法人地位,同时在第99条和第101条规定了"法律、行政法规对农村集体经济组织有规定的,依照其规定""居民委员会、村民委员会具有基层群众性自治组织法人资格,可以从事为履行职能所需要的民事活动。未设立村集体经济组织的,村民委员会可以依法代行村集体经济组织的职能"。从《民法总则》的上述法律规定可以看出,立法者并未将集体经济组织作为集体土地的所

---

❶ 韩松,廉高颇.论集体所有权与集体所有制实现的经营形式——从所有制的制度实现与经营实现的区分认识集体所有权的必要性[J].甘肃政法学院学报,2006 (84):28-31.

❷ 童列春.中国农地集体所有权制度理论解惑与重述[J].南京农业大学学报(社会科学版),2018(2).

❸ 许中缘.三权分置视域下的农村集体经济组织法人[J].当代法学,2018(1).

有权者，因为按照该法第 101 条的规定，当集体经济组织缺位时，由村民委员会依法代行村集体经济组织的职能，也就是说，集体经济组织在集体土地中不是必须存在的。然而，从权利民法基础理论而言，在权利的构成因素中，主体是不可或缺的必备因素。如果主体不存在，则权利不存在，具体到所有权，在所有权的行使中，权利主体是必不可缺的，如果没有主体，则所有权将成为空体，而在农村集体土地所有权的认定中，集体经济组织是可以缺位的。所以，从《民法总则》的立法规定，可见集体经济组织并不是集体土地所有权的主体。集体成员也不应理解为法人的成员，因为法人的成员不能拥有对法人财产的所有权，只能由法人享有所有权。《物权法》没有采用法人所有的表述，这意味着，其突出的是成员的权利，而不是以法人作为集体土地的所有权主体。❶

农村集体经济组织按照《民法总则》的规定在性质上为特殊法人，农村集体经济组织法人化改造是否为"农民集体"的"直接法人化"？在学界存在不同的呼声，有的学者主张应当"重塑'农民集体'，并提出了不同的重塑路径，有的认为农民集体具有团体人格，赋予其法人地位具有必要性与可行性；有的主张应按照民法上适格所有权主体的要求重塑农民集体，赋予农民集体特殊法人地位，赋予其特殊法人地位以解决集体所有权主体缺位与虚化问题"。❷ 笔者认为将农民集体进行法人塑造，将遇到无法克服的理论障碍以及不符合中国国情。

---

❶ 王利明，周友军. 论我国农村土地权利制度的完善 [J]. 中国法学，2012 (1).

❷ 相关的观点参见管洪彦. 农民集体的现实困惑与改革路径 [J]. 政法论坛，2015 (5)：96；宋志红，仲济香. 论"农民集体"的重塑 [J]. 中国土地科学，2011 (5)：29. 另孙宪忠教授认为，不论所有权在哪一级农民集体，都应当承认该组织是法人，并按照法人的形态对其进行再造。陈小君教授也赞同对集体土地所有权进行法人制改造。但也有学者认为，农民集体作为民事主体在性质上属于非法人团体。参见孙宪忠. 物权法基本范畴及主要制度的反思（上）[J]. 中国法学，1999 (5)：61；温世扬，廖焕国. 物权法通论 [M]. 北京：人民法院出版社，2005：368.《民法总则》规定农村集体经济组织为特别法人，但农民集体在民事主体中只能列为非法人组织。参见童列春. 中国农地集体所有权制度理论解惑与重述 [J]. 南京农业大学学报（社会科学版），2018 (2).

在传统民法理论上，民法的主体主要包括自然人、法人、非法人组织三大类，农民集体首先是一个群体性组织，是人合集合体，"按照所有权主体为单数或复数的不同为标准，土地所有权可分为单独的所有形态和共同的所有形态，土地的单独所有可分为土地的自然人单独所有与法人单独所有两种"，❶ 所以农民集体不可能为自然人，只能为团体，到底是法人性质的团体还是非法人性质的团体，争议很大。笔者认为，农民集体在本质上不是法人，而是非法人组织，如果将农民集体作为法人，最大的风险来源于农村集体土地的流失。按照民法的基本理论，《民法总则》第57条规定，法人是具有民事权利能力和民事行为能力，依法独立享有民事权利和承担民事义务的组织。法人与非法人组织的最大区别在于，当法人在民事活动中，法人以自己的全部财产作为责任财产对外承担民事责任，按照此理论，农民集体如果作为法人参与民事法律关系中，则当农民集体对外承担民事责任时，其主要责任财产——土地将不得不用于偿还债务，农村集体土地将作为责任财产❷面临着被拍卖、变卖的风险。而这将直接危及我国农地的安全，破坏我国土地国有化制度，"将农民集体作为集体所有权主体予以法人化改造，可能产生集体土地所有权流转之风险，导致集体土地公有制瓦解和土地私有化，作为法人主要财产的土地不得用于偿债始终难以避免其沦为市场经济下的'怪胎'，难以真正还原其私法主体属性，使其在市场经济中难具博弈能力和自主力量，最终影响农村集体经济的有

---

❶ 高飞. 集体土地所有权主体制度研究 [M]. 北京：法律出版社，2012：81.
❷ 有的学者针对这种风险提出了规避方式：在"农民集体法人化改造"路径下，提出两种风险规避方式：其一，运用《宪法》第10条的强制性规定将"农村土地"界定为"限制流通物"，此情形下只能通过"征收"实现农村土地流转；其二，基于农村土地承载社会保障功能的公共政策考量，将农村土地所有权排除在法人责任财产范围之外。笔者不赞成这种观点，在私法活动中，农民集体作为私法主体参与民事活动，其所有的财产都将作为责任财产用来承担民事责任，如果仅仅因为农民集体责任财产的特殊性而对其特殊照顾，将其排除在责任财产范围之外，这不符合法人本质，也有违民法的公平和平等原则。

效实现。"❶ 从这个角度而言，为了规避农村集体土地公有制的瓦解以及土地私有化，将农民集体改造为法人是不符合我国农村现状以及国家土地制度的。而非法人组织，是指不具有法人资格，但是可以以自己的名义进行社会活动的社会组织。非法人组织相比较法人，虽也应具有相应的民事权利能力和行为能力，但是突出的特征就是非法人组织不能独立承担民事责任的组织体。将农民集体界定为非法人组织可以避免上述农村集体土地的私有化和土地公有制瓦解的风险。

另外，作为农村土地的所有者的农民集体如果被改造成为法人，也意味着集体土地所有权将被改造为一种法人所有的单独所有权形态。而笔者认为，农村集体土地法人所有权形式并不适应我国的集体土地所有权。虽然《民法总则》在第99条赋予了农村集体经济组织的特别法人地位，但是，从该法第101条的规定可知，并不是所有的农民集体都具备集体经济组织。在我国，由于历史的原因，作为集体土地所有权主体的农民集体主要存在着"三级所有，队为基础"，具体包括乡（镇）农民集体、村农民集体、村内农民集体（村民小组）三级形态。据统计，农村土地在村、组两级分属60.4万个村、495.5万个组的集体所有，但目前只有24.4万个村、77.4万个组建立了集体经济组织。❷ 按照这种情形，如果因为《民法总则》第99条的规定，直接将农民集体也定为法人形式，那么在我国没有集体经济组织的广大农村将如何处理这一问题？尽管《民法总则》在第101条赋予了村民委员会以特别法人的地位，但是，"并规定在未设立村集体经济组织的情况下代行其职能，那么还有大多数的村民小组呢？他们的农民集体就不具备民事主体地位了？他们的权利受到侵犯时如何寻求保护？况且，农村集体经济组织法人的设立、变更、终止有许多特殊之处，具体问题还要由其他法律或行政法规作出细化规定，也并不是所有的农村集体经济组织都能够达到依法成立法人的条件，就更不要说让其代为行使

---

❶ 许中缘. 三权分置视域下的农村集体经济组织法人[J]. 当代法学, 2018（1）.

❷ 李适时. 中华人民共和国民法总则释义[M]. 北京：法律出版社, 2017: 309.

所有权的农民集体了"。❶

目前，在我国将农民集体塑造成法人形式，不符合我国国情，亦与现行法学理论相矛盾，违背现行法的相关规定，农民集体法人化在我国为时尚早。

第三节　集体土地所有权成员权的落实

正如上文所述，集体土地所有权本身是既具有公法色彩和私法性质的复合型权利，集体土地是政治范畴中的公有制度在法律范畴的体现，公法色彩的公有制特质，"是国家控制农村社会与经济的一种政治性安排的法律治理结构。它在很长时间内强化了农民与集体基于土地上的身份关系，以及把保障集体内部成员的生存作为首要价值目标，并强调土地利用的平等性"。❷ 同时由于集体土地所有权主体"农民集体"的"虚化"，在实践中一般由"集体经济组织"代行农民集体的所有权，农民集体经济组织作为主体行使所有权的中介，一定程度上导致农民集体作为所有权主体权利无法落实。"成立农民集体、确定农民集体始终没有农民的意思表示，违背了农民的自愿。另外，农民家庭和个人在集体之中的民事权利被法律模糊化，甚至不承认他们的成员权，这就非常严重地损害了农民家庭或者个人的权利。"❸ 如何协调集体土地所有权中的公法性质与私权性质，切实保护农民成员的合法权利，维护其作为集体土地所有权的主体地位，减少公权力对私权的侵蚀，加强农民成员权建设为关键性因素，成员权法定化是破解这一问题的重要因素。"农民集体享有和行使集体土地所有权与农民成员享有和行使成员权是一个重合的过程，虽然成员权在概念上因其身份

---

❶ 余敬. 农民集体权利主体地位的追溯、缺陷与重塑［J］. 海南大学学报（人文社会科学），2018（1）.

❷ 汪洋. 集体土地所有权的三重功能属性——基于罗马氏族与我国农村集体土地的比较分析［J］. 比较法研究，2014（2）.

❸ 孙宪忠. 推进我国农村土地权利制度改革若干问题的思考［J］. 比较法研究，2018（1）.

性有别于集体土地所有权,但现实中,成员权的状态就是集体土地所有权的状态"。❶ 虽然《物权法》使得集体成员立法化,规定了"成员集体"的所有权之后,成员权利似乎已被立法承认,但是这些规定距离实践的要求是远远不够的。因为在法律实践方面,首先要解决谁是成员、他的具体权利到底是什么的问题;其次还要解决成员资格如何取得、变更、丧失等问题。而且,立法上仅仅规定"成员集体",似乎成员行使权利还必须通过集体,成员自己的权利还是不明确,现实的问题还是没有解决。❷

一、成员权的内涵

农民集体为群体性的整体,由农民成员组成,集体的整体意志来源于集体成员的个人意志,农民集体的重大事务须由农民成员意志决定。农民成员是农民集体这一主体的基本因子。但何谓农民集体成员权,在我国缺乏相应的立法规定。对成员权的理解,在传统民法看来,成员权都是用来解释法人成员所享有的权利,尤其是股东所享有的权利问题,❸ 成员权作为私法上的权利,体现了成员和集体之间的民事法律关系。《物权法》第59条第1款第一次提出"集体成员权"这一概念,但是在传统的民法理论中,却不存在对这一概念的相关立法规定,有学者主张"在民事权利体系中,有必要考虑并认可与法人不存在必然联系的成员权。物权法上的成员权作为一项权利引入民事权利体系之中,必将进一步充实和丰富我国民事权利体系"。❹ 本书主张,既然《物权法》提出"集体成员"这一概念,并且这一概念对理解我国农村集体土地所有权至关重要,也是我国农地产

---

❶ 孟勤国. 论新时代农村土地产权制度 [J]. 甘肃政法学院学报, 2018 (1). 在本文中孟勤国教授进一步指出:成员权的虚化和弱化导致集体土地所有权的弱化和虚化,集体所有权的虚化和弱化反映成员权的虚化和弱化,强化农村集体组织的成员权是扭转集体土地所有权弱化和虚化的关键。

❷ 孙宪忠. 推进农地三权分置经营模式的立法研究 [J]. 中国社会科学, 2016 (7).

❸ 谢怀栻. 民事权利体系 [J]. 法学研究, 1996 (2).

❹ 王利明,周友军. 论我国农村土地权利制度的完善 [J]. 中国法学, 2012 (1).

权制度改革的重点因素,所以,理应在立法中进一步明确这一概念的相关内容,在理论研究中应参照公司法等相关立法中的成员权的相关规定,并结合我国农村集体土地的所有权特征对成员权概念进行界定,明确成员资格的认定,成员权的权利内容以及权利的救济保护途径,成员权的明晰化和实体化,可在一定程度上解决农村集体土地所有权主体的"虚化","因《民法总则》并未将成员权列为与财产权、人身权并列的基本权利范畴,亦未规定成员权的一般问题,使得农民集体成员权无法参照成员权的一般规则加以规制。因此,农民集体所有权下的农民集体成员权应以共性的成员权机理为核心,同时体现农民集体成员权的特性"。❶

首先,在界定成员权的内涵时,应区分成员权与农民所享有的公法上的权利。作为农村集体土地所有权的主体,农民集体成员作为农村集体的组成人员享有公法范畴内的公权力,在我国农村集体所有土地与罗马氏族集体土地的制度结构中,都隐含着一个双重身份问题——之于罗马,是氏族成员与城邦市民身份的重叠;之于我国,则是成员权(membership)与公民权(citizenship)的重叠。这一双重身份造成的抵牾状态,实际上反映了两种身份背后,集体土地上的保障功能与市场机能之间的冲突。❷ 集体成员所享有的公法性质的权利,在我国《村民委员会组织法》中有明确规定,该法第2条规定:"村民委员会是村民自我管理、自我教育、自我服务的基层群众性自治组织,实行民主选举、民主决策、民主管理、民主监督。"这是对村民基于成员资格所享有的村民自治的权利,具体包括选举权、决策权、管理权和监督权,同时在该法的第四章村民会议和村民代表会议中,具体规定了村民享有的自治权利,包括村民对集体经济组织的财

---

❶ 陈小君. 我国农民集体成员权的立法抉择 [J]. 清华法学, 2017 (2).
❷ 汪洋. 集体土地所有权的三重功能属性——基于罗马氏族与我国农村集体土地的比较分析 [J]. 比较法研究, 2014 (2).

产予以管理的权利。❶ 同时，当集体成员行使《物权法》上所赋予的权利时，此时其是以民事主体的身份出现的。《物权法》第 59 条规定："农民集体所有的不动产和动产，属于本集体成员集体所有。系列事项应当依照法定程序经本集体成员决定：（一）土地承包方案以及将土地发包给本集体以外的单位或者个人承包；（二）个别土地承包经营权人之间承包地的调整；（三）土地补偿费等费用的使用、分配办法；（四）集体出资的企业的所有权变动等事项；（五）法律规定的其他事项。"该法第 62 条规定："集体经济组织或者村民委员会、村民小组应当依照法律、行政法规以及章程、村规民约向本集体成员公布集体财产的状况。"就《物权法》所确认的成员权而言，其本质上是一种私法性质的权利，这些权利的行使与财产利益密切相关，所以，依照财产权保护理论，当即提出成员的上述财产权等私法性质的权利受到侵害时，集体成员作为受害人可以通过民事诉讼获得相应的法律救济。《物权法》所规定的成员权与《村民委员会组织法》等规定的成员权在本质上是不同的，前者是私法性质的权利，后者是公法范畴的权利；这种成员权的取得具有特殊性，以成员资格为前提，具有一定的身份性质，所以不可以转让和继承，但是成员权中具有财产性质的权利，根据财产权的法学理论是可以转让和继承的，"它是集体成员所享有的专属性权利，成员权只可以随成员资格的移转而移转，一般不能继承和转让。当然，成员权中具有财产性质的权利，如利益分配请求权，如果已经实现，就转化为债权，可以单独地转让或继承。"❷

其次，应区分农户成员权和村民成员权。按照《农村土地承包法》的

---

❶ 如该法的第 21 条和第 23 条分别规定："村民会议由本村十八周岁以上的村民组成。村民会议由村民委员会召集。有十分之一以上的村民或者三分之一以上的村民代表提议，应当召集村民会议。召集村民会议，应当提前十天通知村民。""村民会议审议村民委员会的年度工报告，评议村民委员会成员的工作；有权撤销或者变更村民委员会不适当的决定；有权撤销或者变更村民代表会议不适当的决定。村民会议可以授权村民代表会议审议村民委员会的年度工作报告，评议村民委员会成员的工作，撤销或者变更村民委员会不适当的决定。"

❷ 王利明，周友军．论我国农村土地权利制度的完善［J］．中国法学，2012（1）．

相关规定，此法在规定承包经营权的主体时，出现了两个不同的主体。《农村土地承包法》第 5 条规定："农村集体经济组织成员有权依法承包由本集体经济组织发包的农村土地。任何组织和个人不得剥夺和非法限制农村集体经济组织成员承包土地的权利。"第 16 条规定："家庭承包的承包方是本集体经济组织的农户。在一部法律中同时出现了两个不同的主体——村民和农户。"农民以个人身份在农民集体中享有成员资格，同时，农民又以血缘、婚姻、亲属等自然性纽带联接成为家庭成员，一个家庭的全体成员构成农户。农户既是传统农业社会中生活互助的基本组织单位，也是农民集体关系中的生产经营组织单位。❶ 农户在《民法总则》已经被确认为具有民事主体资格，《民法总则》在民事主体制度自然人一章中，第四节规定了"个体工商户和农村承包经营户"，第 50 条规定："农村集体经济组织的成员，依法取得农村土地承包经营权，从事家庭承包经营的，为农村承包经营户。"第 56 条第 2 款规定："农村承包经营户的债务，以从事农村土地承包经营的农户财产承担；事实上由农户部分成员经营的，以该部分成员的财产承担。"按照《民法总则》和《农村土地承包法》的规定，农户为一集体，是一个集合型的概念。农户作为《民法总则》所确认的民事主体应成为权利主体，而享有成员权。❷ 一是现行的立法以及相关政策和文件并没有否认农户是农村集体组织的成员，既然《农村土地承包法》是以农户来确定土地承包经营权的，已经承认了农户可以作为土地承包经营权的主体，所以完全可以据此规定，确认农户也是农村

---

❶ 童列春．中国农地集体所有权制度理论解惑与重述［J］．南京农业大学学报（社会科学版），2018（2）.

❷ 关于这一问题学者间存在不同的意见，如温世扬教授认为农户仅是形式主体，农户内村民才是实质主体。对此孟勤国教授持反对态度，他认为，且不说将主体分为形式主体和实质主体本身就缺乏依据和意义，只就表决权而言，每个农户内的村民数不一，按农户表决是一票，按村民表决有的农户只有一两票，有的农户能有六七票或更多，表决结果完全不同，农户和村民不具有同一性。相关观点请参见温世扬．农村土地法律制度改革再出发——聚焦《中共中央关于全面深化改革若干重大问题的决定》［J］．法商研究，2014（2）；孟勤国．论新时代农村土地产权制［J］．甘肃政法学院学报，2018（1）.

集体组织的成员权主体；二是按照我国现行的农村土地政策，农村土地承包经营权都是以农户为主体进行的，如我国关于农村土地承包期的调整的相关规定，党的十九大宣布第二轮土地承包到期后再延长三十年，是以农户而不是村民为主体，不承认农户的成员权难以解释增人不增地、减人不减地的正当性，承认农户的成员权又面临着缺乏现行法上的依据和与村民成员权重叠的问题。❶ 三是从实践层面而言，将农户纳入农村集体组织的成员更便于实践操作。农户作为一个集合体相对的稳定性，农户在我国《农村土地承包法》被确认为承包经营权的主体，同时在《民法总则》中作为民事主体而存在，从其自身而言，他们更关心自己权利的行使和实现，并且当其合法权益受到侵害时，也便于通过相关法律维护自己的合法权益，更利于定纷止争，消除矛盾，维护农业生产的稳定，维护集体土地的利益。同时，"相比村民利益和意志个体化，农户的利益和意志已消化了农户内的个体差异，具有一定的共同性和集体性，更容易融入农村集体组织的共同利益和集体意志"。❷ 将农户纳入农民集体组织的成员具有理论和实践基础，并且不会产生与村民的冲突，在解决这两者同时作为农村集体组织成员的叠加问题，可在立法技术上对村民成员权和农户成员权的适用范围进行界定，"有关土地承包的事项以及土地承包利益的分配，由农户行使成员权，以农户户数作为农村集体组织决议的基数；其他事项以及土地归属利益的分配，由村民行使成员权，以村民人数作为农村集体组织决议的基数"。❸

综上，可就农村集体组织的成员权做如下界定：农村集体组织的成员权是具有特定的身份属性，依法取得农村集体成员权的农户和村民，成员共同决定集体组织事务，尤其是集体土地事务的权利。

---

❶❸ 孟勤国. 论新时代农村土地产权制［J］. 甘肃政法学院学报，2018（1）.

❷ 孟勤国. 论新时代农村土地产权制［J］. 甘肃政法学院学报，2018（1）. 同时在该文中孟勤国教授进一步指出，将农户界定为农村集体组织成员，更为重要的是，农户的利益和承包土地的状态一致，在征地款之类的土地利益分配中，以农户分配土地承包经营利益较之于村民身份更为公平，而且出嫁女的权益转化为农户内权益也有助于解决相当复杂的出嫁女权益问题。

二、成员资格的取得

成员资格是成员权的基础和前提，我国对成员权的取得缺乏立法规定，导致在理论上如何认定集体成员的成员资格存在争议，目前有户籍说、权利义务对等说等观点，❶ 具体形成了三种学界主张：登记主义、事实主义和折衷主义。登记主义主张以户籍所在地是否在该村组作为确定是否具有集体经济组织成员的资格认定标准；事实主义主张以成员是否实际上在本村组形成长期居住和生活为标准；折衷主义认为上述两种主张均具有一定的片面性，建议以户籍登记为主要原则，以事实长期居住为辅助以确定成员资格。鉴于户籍说或者权利义务对等说等观点的狭隘性，有的学者建议在集体成员权的资格认定上，应该采用复合型标准。❷

户籍作为认定成员权资格的标准，是由户籍本身的特质以及我国农村的基本现实决定的，"户籍管理是确定公民身份的基本依据，户口的迁入和迁出是一种有章可循、有据可查的行政行为，采户籍说有利于明确成员资格的认定标准，提高认定成员资格标准的可操作性"，❸ 另外由于中国历史上的原因，一般来说在农村，自然村是由农民祖祖辈辈生活延续而成，一个或数个祖先几百年前或更早定居、繁衍成自然村，同姓村民往往是同一祖先的后代，他们世世代代居住在同一村落，长期的居住地就是本村，根据《民法总则》第 25 条规定："自然人户籍登记或者其他有效身份登记记载的居所为住所"，户籍登记地为住所判定地，户籍与村民的居住地直接相关，便于村民成员资格的认定。在立法上亦有相关法条的规定予以明

---

❶ 关于户籍说的论述，参见王禹.村民选举法律问题研究［M］.北京：北京大学出版社，2002：2. 有关权利义务对等说的论述，参见魏文斌，等.村民资格问题研究［J］.西北民族大学学报（哲学社会科学版），2006（2）.

❷ 陈小君教授主张确定农民集体成员资格的一般原则，应包括户籍、生活保障和自然人身份三个事实要素；王利民教授和周友军教授主张应当以户籍为标准认定成员资格，在此之外还应当考虑其他因素。相关观点参见：陈小君.我国农民集体成员权的立法抉择［J］.清华法学，2017（2）；王利明，周友军.论我国农村土地权利制度的完善［J］.中国法学，2012（1）.

❸ 孟勤国.物权法如何保护集体财产［J］.法学，2006（1）.

确化，如《农村土地承包法》第27条规定："承包期内，承包农户进城落户的，引志支持其按照自愿有偿原则依法在本集体经济组织内转让土地承包经营权或者将承包地交回发包方，也可以鼓励其流转土地经营权。"该规定从侧面揭示了在农村土地承包经营权的取得上，是以承包方的户籍作为取得承包经营权的标准，当承包方的户籍变动，丧失本村集体组织的户籍时，其承包土地的资格将丧失。

因为中国农村情况的复杂性，仅仅将户籍作为成员权资格取得的唯一标准，不利于保护农民的合法权益，因此，在成员权资格的认定时，应考虑其他重要因素，"不宜将户籍作为唯一依据，还应结合成员与集体组织的经济生活联系以及是否与集体组织有特殊的约定等多种因素考虑。"❶ 其中，村民或者农户生活与土地的关系是重要的考量因素。农村集体的土地之所以分配给本集体经济组织成员，还有一个重要的因素，那就是本集体经济组织成员主要依靠农村土地生产和生活，他们一方面与农村土地有着深厚的感情，另一方面主要靠农村土地的使用取得收益，如果这些成员仅仅因为户籍变动就取消其成员资格，对保障这些农户或者村民的权益不周，因此，如果这些农户或者村民即使全家迁入小城镇落户，但仍然在承包的农地上行使权利和履行义务，则没必要非得剥夺他们的农地成员资格。《农村土地承包法》第27条规定："承包期内，承包农户进城落户的，引导支持其按照自愿有偿原则依法在本集体经济组织内转让土地承包经营权或者将承包地交回发包方，也可以鼓励其流转土地经营权。"另外，成员资格的取得还要考虑到出生与收养、结婚与离婚以及对集体所尽到的义

---

❶ 吴兴国.集体组织成员资格及成员权研究［J］.法学杂志，2006（2）.在该文中，吴教授进一步指出，农村找那个所谓的寄挂户、空挂户，根据其余集体组织的约定不具有集体组织成员资格。在认定成员资格时，还需要注意两个问题：一是没有取得承包地的是否有成员资格，没有取得承包地，可能有成员资格，也可能没有成员资格；二是有了选举权是否就有成员资格，就必然享有某个村集体资产（如土地等）的分配权。

务等方面因素。❶

三、成员权的主要内容

通过上文所述，集体成员权是一个复合型的权利类型，通说认为，成员权主要包括两方面的权利内容，共益权和自益权。通过自益权实现其收益，通过共益权来行使集体所有权，使得集体所有权的运行机制表现为民主性特征。❷

（一）共益权

1. 内涵及行使原则

共益权顾名思义是为了集体公共利益而享有的权利，是指集体成员作为集体的一份子，为了集体整体利益而参与集体事务进行管理和监督等的权利。根据《物权法》《农村土地承包法》和《土地管理法》等法律的相关内容，共益权主要是指集体成员为了集体事务而行使的决定权、监督权、参与制定集体章程的权利、选举代表人的权利和代位诉讼的权利等。

共益权具有维护集体整体利益的功能，权利的行使具有平等性。"我国农村集体土地所有权作为集体内部成员生存保障工具的一个重要体现和

---

❶ 王利明，周友军. 论我国农村土地权利制度的完善 [J]. 中国法学，2012 (1). 在该文中，两位教授进一步指出，根据权利义务对等原则，成员资格的享有应当以农民尽到对集体的义务为前提；通常来说，成员的子女都因出生而具有集体成员的资格。在我国，集体成员的子女通常都具有集体的户籍。但是，因为户籍管理的特殊问题，也可能因为政策原因而不能获得户籍，如违反计划生育政策的子女，无法进行户籍登记。但是，不能仅仅因为没有获得户籍而影响其成员资格的认定；通常来说，如果与集体成员结婚，并已经迁入户口的，都可以获得集体成员的资格；而与集体成员离婚，且户口已经迁出的，就丧失集体成员资格。但是，婚姻也并非认定集体成员资格的决定性因素。

❷ 崔建远. 物权：规范与学说——以中国物权法的解释论为中心 [M]. 北京：清华大学出版社，2011：394.

首要价值目标,就是土地利用的平等性以及实践中均分的倾向",❶"这也是"成员权"的应有之义:集体土地制度赋予村庄内部每个合法成员平等地拥有村属土地的权利,而集体组织及其成员身份存在的一个主要目的,就是保证这些公共福利的均等性"。❷ 以《农村土地承包法》为例进行说明,该法第5条规定:"农村集体经济组织成员有权依法承包由本集体经济组织发包的农村土地。任何组织和个人不得剥夺和非法限制农村集体经济组织成员承包土地的权利。"第7条规定:"农村土地承包应当坚持公开、公平、公正的原则,正确处理国家、集体、个人三者的利益关系。"在该法"承包的原则和程序"一节,在第18条固定了土地承包应当遵循的原则,在原则的相关规定中,充分体现了公平、平等性,第18条确立了"按照规定同意组织承包时,本集体经济组织成员依法平等地行使承包土地的权利,也可以自愿放弃承包土地的权利;民主协商和公平合理"。

2. 权利内容*

(1) 决定权。

共益权的权利类型主要包括但不限于决定权和监督权,《物权法》第59条第2款明确规定了集体成员对集体事项所享有的决定权,根据该条规定,集体成员在下列事项享有决定权:①土地承包方案以及将土地发包给本集体以外的单位或者个人承包;②个别土地承包经营权人之间承包地的

---

❶ 刘俊. 中国农村土地承包经营法律制度研究 [C] //蔡继明,邝梅主. 论中国土地制度改革——中国土地制度改革国际研讨会论文集. 北京:中国财政经济出版社, 2009:87-114.

❷ 张静. 基层政权乡村制度诸问题 [M]. 上海:上海人民出版社,2007:102.

* 关于农民集体成员权的权利内容,有不同的见解,陈小君教授主张:农民集体成员权的内容主要有两个方面,即实体性的获益权和程序性的参与权。前者可分为请求权、收益分配权和经营使用权,即农民集体成员请求分配集体利益、获得集体收益、使用集体土地的权利;后者分为集体事务参与权和退出权。王利民教授和周友军教授主张,集体成员权包括共益权和自益权,共益权包括决定权和监督权;崔建远教授与王利明教授和周友军教授的观点相似,主张包括共益权和自益权。相关观点参见陈小君. 我国农民集体成员权的立法抉择 [J]. 清华法学,2017 (2);王利明,周友军. 论我国农村土地权利制度的完善 [J]. 中国法学,2012 (1);崔建远. 物权:规范与学说——以中国物权法的解释论为中心 [M]. 北京:清华大学出版,2011:394.

调整；③土地补偿费等费用的使用、分配办法；④集体出资的企业的所有权变动等事项；⑤法律规定的其他事项。按照该条款的规定，如果上述重大事项未经过集体成员决定，则对集体成员不产生法律效力，但是该法对集体成员行使共益权的程序未作出明确规定，仅在该法第59条第2款模糊规定"下列事项应当依照法定程序经本集体成员决定"。笔者认为，对法定程序的相关操作，可以参照我国其他相关立法中关于成员权的规则进行，《农村土地承包法》第28条规定："承包期内，发包方不得调整承包地。承包期内，因自然灾害严重损毁承包地等特殊情形对个别农户之间承包的耕地和草地需要适当调整的，必须经本集体经济组织成员的村民会议三分之二以上成员或者三分之二以上村民代表的同意，并报乡（镇）人民政府和县级人民政府农业农村、林业和草地等主管部门批准。承包合同中约定不得调整的，按照其规定。"

（2）监督权。

因为集体经济组织是集体行使所有权的代行主体，集体成员行使所有权时要以集体经济组织为中介，集体经济组织有时会利用其特权损害集体成员的合法权益，成员的监督权显得尤为重要。《物权法》第62条规定："集体经济组织或者村民委员会、村民小组应当依照法律、行政法规以及规章、村规民约向本集体成员公布集体财产的状况。"成员有权监督集体经济组织或者村民委员会、村民小组对集体财产的管理和使用情况，上述当事人有义务向成员及时公布集体财产状况。

（3）撤销权。

当成员在行使上述监督权的过程中，发现集体经济组织或者村民委员会、村民小组作出的决定损害集体成员合法权益的，成员可以请求人民法院撤销以上主体所作出的决定。《物权法》第63条第2款规定："集体经济组织、村民委员会或者其负责人作出的决定损害集体成员合法权益的，受损害的集体成员可以请求人民法院予以撤销。"

（二）自益权

仅从字面含义，本着文意解释的原则，是指成员为了自身利益而享有和行使的权利，主要功能是维护成员的收益权，具体是指"集体成员为实现自己在集体所有权上的利益而行使的权利"。❶ 按照韩松教授的观点，自益权包括两个方面：一是集体成员对集体财产的享用权，二是集体财产上取得个人权利或者财产的权利。❷ 集体成员对集体财产的享用权，是指成员对集体的公共设施等公共财产进行使用的权利。在农村集体经济组织内部，有公共交通道路、公共取水等灌溉设施、进行公共文化娱乐的文化体育设施等，成员作为集体经济组织的一员，有权使用公共设施，集体经济组织和其他成员不得非法干预和制止，并不得剥夺集体成员对集体财产的享用权。成员对集体财产上取得个人权利或者财产权利，是指成员有权对集体财产进行使用取得收益或者取得分配利益的权利，涵盖了土地承包经营权、征地补偿款分配权、宅基地分配权、股份分红权、集体福利获得权等经济权利。❸ 这种权利内容主要是以追求经济利益为目的取得集体财产的经营利益分配权。

(三) 诉讼救济权

1. 撤销权的行使

当成员在行使监督权的过程中，获知其合法权益受到侵害时，可以通过上述的撤销权的行使撤销集体经济组织、村民委员会或者其负责人的决定，按照《物权法》第 63 条第 2 款的规定，成员行使撤销权只能通过人民法院行使，这与《合同法》中所规定的债权人的债的保全方式撤销权行使类似，但是《物权法》对成员撤销权的具体行使缺乏可操作性规定，据此，笔者认为，可以借鉴我国《合同法》以及《民法总则》中关于撤销权的行使的相关规定，在行使时，应将成员的撤销权定性为形成权，其行使期间受到除斥期间的限制，具体期间的运用上可借鉴《民法总则》第 99 条规定："法律规定或者当事人约定的撤销权、解除权等权利的存续期间，

---

❶ 王利明，周友军. 论我国农村土地权利制度的完善 [J]. 中国法学，2012 (1).

❷ 韩松. 农民集体所有权和集体成员权益的侵权责任法适用 [J]. 国家检察官学院学报，2011 (2).

❸ 吴兴国. 集体组织成员资格及成员权研究 [J]. 法学杂志，2006 (2).

除法律另有规定外，自权利人知道或者应当知道权利产生之日起计算，不适用诉讼时效中止、中断和延长的规定。存续期间届满，撤销权、解除权等权利消灭。"《民法总则》第 152 条规定："有下列情形之一的，撤销权消灭：（1）当事人自知道或者应当知道撤销事由之日起一年内、重大误解的当事人自知道或者应当知道撤销事由之日起三个月内没有行使撤销权；（2）当事人受威胁，自胁迫行为终止之日起一年内没有行使撤销权；（3）当事人知道撤销事由后明确表示或者以自己的行为表明放弃撤销权。当事人自民事法律行为发生之日起五年内没有行使撤销权的，撤销权消灭。"

2. 侵权损害赔偿救济权

"有权利必有救济"，权利一旦失去了法律上的救济就会成为一种"裸权利"，为了保护主体的合法权益，必须完善权利救济机制，侵权损害赔偿是权利救济机制中重要的权利保护方式。集体成员权的内容主要包括共益权和自益权两个方面，笔者主张将这两种权利都应纳入到侵权责任法的保护范畴中，当共益权或者自益权受到侵害时，只要符合侵权责任法中一般侵权责任的构成要件，集体成员即可向人民法院主张侵权损害赔偿。

第四节　农村集体土地所有权与"三权分置"

一、从"两权分离"到"三权分置"

集体土地所有权是我国农村稳定发展的关键，是解决"三农"问题、农地改革和农地权利体系构建的基石。农地所有权的发展伴随着农地制度的发展而产生和变化，每一个国家农地制度的现代化，大体上都必须经历两个发展阶段，即耕者有其田阶段和农地规模化经营阶段，[1]在这两个不同的发展阶段，农村集体所有权也经历了从"两权分离"到"三权分置"的历史路程。

---

[1] 赖泽原，陈宪，徐实等. 比较农地制度［M］. 北京：经济管理出版社，1996：112.

(一)"两权分离"的形成

农村集体土地"两权分离"制度的出现,与我国农地制度的改革和发展密切相关。正如本杰明·卡多佐法官所言,某些土地法的概念,一旦固定下来,就被无情地导出其逻辑结论。如果某人对你说,我们现实生活中的土地法律概念基于逻辑体系的规范而产生,那他一定受到法律现象的迷惑。事实上,土地法律制度的概念与民族国家的文化、习惯积淀息息相关。如果某人想对现实的土地法律制度概念有一番深入了解,那么他一定不能忽略这一概念形成的历史。❶

1. 中华人民共和国成立之前的农地所有权

我国经历了长达数千年的封建制经济发展,在1949年以前,封建制经济制度决定了我国农村主要实行封建制土地制度,在所有权上,亦实行封建制农村土地所有权,土地的所有权归属地主,农民只能以佃户的形式向地主缴付佃租,靠出卖劳动力维持基本生活。同时由于经济上的不平和政治身份上的不平等,因此在农民租种地主的土地关系中,双方难以达到真正的平等。据不完全统计,1949年以前我国土地所有权的基本情况为:占农村人口4%~5%左右的地主阶级拥有全国50%以上的土地;占农村人口4%~5%左右的富农拥有全国20%以上的土地;而占人口90%以上的中农、贫农、佃农以及其他农业经营者只拥有全国30%的土地。地主阶级所拥有的土地,约10%为自己经营,其余的90%被零碎分割给佃农耕种。佃农50%以上的收益以租金的形式被地主榨取。在此阶段,由于农地所有权者地主和使用农地的佃农之间的身份和地位以及经济上的不平等性,加之当时劳动生产力不高而地租居高不下等因素,造成这个时期农地产量低下,佃农租种积极性不高,土地被垄断在地主手中,一定程度上造成农地资源的浪费。为了解决上述问题,废除封建制土地制度,中共中央在1946年5月4日颁布了《关于清算减租及土地问题的指示》,将抗战时期实行的"地主减租减息、农民交租交息"基本政策调整为"逐步确立农民土地

---

❶ 本杰明·卡多佐. 司法过程的性质 [M]. 苏力, 译. 北京: 商务印书馆, 1997: 31-32.

私有制",并在1947年9月13日通过全国土地会议正式通过《中国土地法大纲》,废除封建土地所有制,建立土地的农民私有。

2. 中华人民共和国成立后土地农民私有的确立

为了变更农业生产关系的方式促进农村生产力的发展,1950年6月28日中央人民政府委员会第八次会议通过《中华人民共和国土地改革法》,国家通过没收地主的土地、耕畜、农具、多余的粮食及其在农村中多余房屋,征收祠堂、庙宇、寺院、教堂、学校和团体在农村中的土地及其他公地的方式将土地平均分配给农民,经过一系列的改革措施,最终实现了"农地归农民个体所有,农业实行农户自主经营"。满足了农民"耕者有其田,土地归农民所有"的愿望,在农村土地的所有权的归属上,确认了农民的所有者地位。将农民确认为农村土地所有者,激发了农民高度的生产积极性,很大程度上促进了农业生产力的发展,提高了粮食产量。1950~1952年,我国在全国范围内推行了对我国农村土地影响重大的农村土地改革运动,使大部分农民获得土地,成为土地的所有权者,由于农地归农民所有,农民可以自由买卖行使处分权,这在一定程度上,又加速了农民阶层的贫富差距。

3. 土地公有制改造

为了消除农村土地的私有制,建立生产资料的公有制,我国开始探索农村合作化经营的发展道路。1953年,中共中央发布了《关于发展农业生产合作社问题的决议》,突出强调了农民要在农业生产中横向联合,走"临时互助组—常年互助组—初级农业生产合作社—高级农业生产合作社"的发展道路。1956年6月,第一届全国人民代表大会第三次会议通过《高级农业生产合作社示范章程》(以下简称《示范章程》),明确了高级生产合作社称谓,并就生产资料如何归属、高级合作社的组织原则、合作社成员资格以及其收益分配规则作了规定。通过《示范章程》的相关规定,农民应将个人所有的农地等主要的农业生产资料所有权移交给高级农业生产合作社所有,仅保留对家禽、少量树木、小农具以及经营家庭副业所需要的农具的所有权,农民将以同工同酬的方式参与农业生产劳动,最终否定和废除农村土地的私有制。1958年中共中央通过《中共中央在农村建立人民公社问题的决议》在全国掀起了建立高级人民公社的热潮。但是在人民公社运动的过程中，却违背了社会经济发展规律，犯了左倾错误主义路线。为了纠正"极左"错误，1961年3月中央政府出台《农村人民公社工作条例（草案）》（一般称为农业60条），基本确立了"三级所有、队为基础"生产资料所有制，人民公社、生产大队、生产小队作为农村土地的所有者。

4."两权分离"的确立

党的十一届三中全会后，我国政府不断调整农地产权制度，逐渐采取将农村集体土地承包到户。1982年12月4日第五届全国人民代表大会第五次会议通过《宪法》，其中就农村集体土地所有权进行规定：城市的土地属于国家所有。农村和城市郊区的土地，除由法律规定属于国家所有的以外，属于集体所有；宅基地和自留地、自留山，也属于集体所有。党的十五届三中全会作出的《中共中央关于农业和农村工作若干重大问题的决定》明确提出"赋予农民长期而有保障的土地使用权"，自此以"所有权与使用权相分离"为内容的"两权分离"制度在中央政策文件中得以确立。❶ 在农村集体土地所有权的改革中，我国采取的政策现行的原则，在实践成熟的基础上以立法形式予以法律化，"两权分离"的农地制度相继在《土地管理法》《农村土地承包法》和《物权法》中得到反映。《农村土地承包法》第1条规定："为了巩固和完善以家庭承包经营为基础、统分结合的双层经营体制，保持农村土地承包关系稳定并长久不变，维护农村土地承包经营当事人的合法权益，促进农业、农村经济和农村社会的和谐稳定，依据宪法，制定本法。"第2条规定："本法所称农村土地，是指农民集体所有和国家所有依法由农民集体使用的耕地、林地、草地，以及其他依法用于农业的土地。"这两条确立了农村集体享有农村集体土地所有权，以及农民享有集体土地使用权的以家庭承包经营为基础，统分结合的双层经营体制；第5条规定："农村集体经济组织成员有权依法承包由

---

❶ 温铁军．中国农村基本经济制度研究——"三农"问题的世纪反思［M］．北京：中国经济出版社，2000：283-284．

本集体经济组织发包的农村土地。任何组织和人不得剥夺和非法限制农村集体经济组织成员承包土地的权利。"《物权法》将"集体土地所有权+土地承包经营权"的"两权分离"制度进一步落实,该法第 124 条和第 125 条分别规定:"农村集体经济组织实行家庭承包经营为基础、统分结合的双层经营体制。农民集体所有和国家所有由农民集体使用的耕地、林地、草地以及其他用于农业的土地,依法实行土地承包经营制度。""土地承包经营权人依法对其承包经营的耕地、林地、草地等享有占有、使用和收益的权利,有权从事种植业、林业、畜牧业等农业生产。"至此,"集体土地所有权+土地承包经营权"的农村土地权利结构在我国以立法的形式正式固定下来。"两权分离"制度既保留了集体所有制,又保证了农民的农地使用权,实现了土地权利在集体和农民之间有效分割,较好处理了国家、集体与农户之间的土地利益关系,在短时间内就显现出以制度创新推动农业发展的强大动力。[1] 此后我国政府不断采取措施,强化"两权分离"中的农村土地使用权(土地承包经营权)。1982 年中共中央 1 号文件提出家庭联产承包责任制长期不变,1984 年中央政府再次强调土地承包期一般在 15 年以上。1998 年《土地管理法》再次在立法中调整了土地承包经营期限,将其定为 30 年,明确土地承包经营期限受法律保护。2002 年《农村土地承包法》对集体土地承包的范围、对象、期限和方式进行具体规定,此后《物权法》再次强化"两权分离"。在《物权法》中,集体所有权是一种自物权,是物权人对物的绝对性权利,权利人可以自由支配所控制的物,当支配物的使用价值时,在物之上就设定了一种独立于自物权的另外一种物权类型——用益物权。此外,《物权法》首次将农村土地承包经营权作为一种独立的用益物权类型在立法中明确化,也只有《物权法》在法律制度上明确了"两权分置"的制度结构,由此借助于他物权的生成法理,"两权分离"的经济思想在法律上即被表达为在集体土地所有权之上

---

[1] 张红宇. 三权分离、多元经营与制度创新——我国农地制度创新的一个基本框架与现实关注 [J]. 南方农业,2014(2).

为承包农户设定土地承包经营权。❶

（二）"三权分置"的确立

经过近 30 年的发展，随着社会经济生活的不断变化，尤其自 20 世纪 90 年代初期开始，我国乡镇企业迅速发展，大量农民通过"离土不离乡"的方式进入乡镇企业打工，这种局面愈演愈烈，到 21 世纪初，农民非农化速度不断提高，农民逐渐将农业生产作为副业，导致农村中大量的耕地被弃耕，造成农业资源的大量浪费，农民进行土地流转的愿望越来越强烈。针对这种情况，我国学术界学者也提出了加强农村土地流转的学术建议，与此同时，中共中央开始进行土地改革，学者的建议逐渐被采纳，由此在我国开始了新一轮的农地产权制度改革。《物权法》将农地承包经营权作为用益物权的规定，赋予承包经营权的承包户在保留承包经营权的前提下可以流转土地使用权的权力，为农地使用权流转提供立法上的依据，解决了农地使用权流转的制度障碍。但是目前的相关立法规定并不能解决和满足农地流转的现实，如何在现有立法的基础上进一步加快农村土地流转，这是一个复杂的社会问题，一旦处理不当，就会危及我国土地产权制度。而我国自 1978 年开始的农村土地制度改革，其形成轨迹可以归结为实践先行、政策指导和法律兜底的"三部曲"模式：农民基于基层实践的制度创新获得国家政权认可后，通过政策文件进行指导和推广，在实践中不断完善后交由法律文本作出最终提炼和回应。❷ 如果在实践经验不足的基础上，擅自进行农地流转的立法修改，会有很大的风险，因此，"在现有法律不可能一蹴而就加以修改的现实下，这一轮的农地制度变革再一次采取了中国特色的制度供给方式：先由党的最高领导表态，继之是中央文

---

❶ 高圣平. 论农村土地权利结构的重构——以《农村土地承包法》的修改为中心 [J]. 法学, 2018（2）.

❷ 陈小君. 我国农村土地法律制度变革的思路与框架——十八届三中全会《决定》我国农村土地法律制度变革的思路与框架相关内容解读 [J]. 法学研究, 2014（4）.

件予以政策表达，颁布具体实施意见，接着是地方试点。"❶ 在中共十八届三中全会召开前夕，习近平总书记在湖北调研农村产权交易所，首次释放出农村土地改革要研究土地所有权、承包权、经营权三者关系的信号。习近平总书记明确指出，深化农村改革，完善农村基本经营制度，应研究农村土地所有权、承包权和经营权三者之间的关系。❷ 这为我国农村土地产权制度改革指明了方向。中国共产党第十八届三中全会作出《关于全面深化改革若干重大问题的决定》（以下简称《2013年决定》），《2013年决定》指出，应坚持农村集体土地所有权，发展壮大集体经济，强调坚持家庭经营在农业中的基础性地位，依法维护农民的土地承包经营权，赋予农民更多财产权利，对集体土地所有权、农村土地承包经营权和宅基地使用权进行确权登记，赋予农民对承包地占有、使用、收益、流转及承包经营权抵押、担保权能，允许农民以承包经营权入股发展农业产业化经营，农民可以用承包经营权入股发展农业产业，为土地承包经营权的流转提供了更多的方式和途径，为实现农地的适度规模经营提供了可具操作性的制度条件。2013年年底召开的中央农村工作会议第一次提出承包权和经营权的分置并行。2014年中共中央、国务院《关于全面深化农村改革加快推进农业现代化的若干意见》（以下简称《2014年"中央一号文件"》）明确提出："在落实农村集体土地所有权的基础上，稳定农户承包权、放活土地经营权，允许承包土地的经营权向金融机构抵押融资。"2014年国务院办公厅出台《关于引导农村产权流转交易市场健康发展的意见》78号文件，分别就三权分置实施中的两项重要政策——土地流转交易及如何推进适度规模经营做出规定。2015年中共中央、国务院《关于加大改革创新力度加快农业现代化建设的若干意见》（以下简称2015年"中央一号文

---

❶ 刘守英．农地三权分置下的土地权利体系重构［J］．北京大学学报（哲学社会科学版），2017（5）．

❷ 习近平总书记高度重视中国农村产权制度改革，2014年9月29日召开的中央全面深化改革领导小组第五次会议上，习近平总书记对农地三权分置做出明确、完整的表述，即"在坚持农村集体土地所有的前提下，促使承包权和经营权分离，形成所有权、承包权、经营权三权分置，经营权流转的格局"。

件")要求:"抓紧修改农村土地承包方面的法律,明确现有土地承包关系保持稳定并长久不变的具体实现形式,界定农村集体土地所有权、农户承包权、土地经营权之间的权利关系。"2015年11月中共中央办公厅和国务院办公厅联合印发了《深化农村改革综合性实施方案》(以下简称《方案》),完整地表述了农地三权分置的内涵和方向。《方案》要求坚持和完善农村基本经营制度。把握好土地集体所有权制和家庭承包经营的关系,现有的农村土地承包关系保持稳定并长久不变,落实集体所有权,稳定农户承包权,放活土地经营权,实行"三权分置"。落实集体所有权就是落实农民集体所有的不动产和动产,属于本集体成员集体所有的法律规定,明确界定农民的集体成员权,明晰集体土地产权归属,实现集体产权主体清晰。稳定农户承包权,就是要依法公正地将集体土地的承包经营权落实到本集体住址的每个农户。放活土地经营权,就是允许承包农户经土地经营权依自愿分配给有经营意愿和经营能力的主体,发展多种形式的规模经营。2016年4月25日,习近平总书记在小岗村农村改革座谈会上再次强调,新形势下,深化农村改革,主线仍是处理好农民和土地的关系。农地三权分置成为深化农村改革的顶层制度安排。

顶层安排明确以后,就是政策推进与实施。2016年中共中央、国务院《关于落实发展新理念加快农业现代化实现全面小康目标的若干意见》(以下简称2016年"中央一号文件")再次强调:"稳定农村土地承包关系,落实集体所有权,稳定农户承包权,放活土地经营权,完善'三权分置'办法,明确农村土地承包关系长久不变的具体规定。"2016年8月30日,中央全面深化改革领导小组第二十七次会议审议通过了《关于完善农村土地所有权承包权经营权分置办法的意见》(以下简称《三权分置意见》),提出"实行所有权、承包权、经营权'三权分置',放活土地经营权"。由此可见,"三权分置"是十八届三中全会以来中央作出的重大决策,已然成为深化农村土地制度改革的重要内容。2016年11月中央深改组审议通过《三权分置意见》,对三权分置的原则予以明确框定,即"尊重农民意愿""守住政策底线,坚持农村集体土地所有""循序渐进""因地制宜"。逐步形成"三权分置"格局,始终坚持农村集体土地所有权的根本地位；严格保护农户承包权，要稳定现有土地承包关系并保持长久不变；加快放活土地承包权。赋予经营主体更有保障的土地经营权，是完善农村基本经营制度的关键。确保"三权分置"有序实施，扎实做好农村土地确权登记颁证工作；建立健全土地流转规范管理制度；构建新型经营主体政策扶持体系；完善"三权分置"法律法规。这是一份就如何实施农地三权分置的指引性文件，为未来的农业发展谋篇布局打下了制度基础，❶ 至此政策层面上所表述的集体所有权+承包权+经营权的"三权分置"制度正式确立。❷

通过我国农地产权制度改革，以及对此次改革影响深远的从"两权分离"到"三权分置"，在这两个阶段中，始终将坚持农村集体土地所有权作为改革的基础，这在我国相关立法条文以及政策文件中均有规定，上文也已做了相关阐述。在"三权分置"改革背景下，如何进一步坚持农村集体土地所有权，恰当地处理好集体土地所有权、承包权和经营权三者之间的关系，真正地做到始终坚持农村集体土地所有权的根本地位，这是一个重要的研究课题。

二、集体土地所有权功能的嬗变

通过上文梳理我国农地所有权制度的变革，自 1949~1978 年以前，由于没有建立调整集体土地所有权的相关法律制度，集体土地所有权概念实际上隐埋于政治色彩极为浓厚的集体土地所有制概念之中，在人们的观念里，固有的认为集体所有权即为集体土地所有制。但是集体所有权与公有性质的集体所有制在本质上是不同的，有关这一论断在上文第二章第一节已有涉及，学界普遍认为宪法中所确立的农村集体土地所有权是一种法权，在本质上与《物权法》中所确认的农村集体土地所有权是一致的。所

---

❶ 刘守英. 农地三权分置下的土地权利体系重构 [J]. 北京大学学报（哲学社会科学版），2017（5）.

❷ 关于《三权分置意见》中的三权表述，学术界存在很大的争议，相关学术观点的论述请参见下文。

有权主要体现对物的归属和支配关系，是占有、使用、收益和处分权能的完美集合体。而权属界定和利用保护是任何权利的应有之意，即使在公法性质的《宪法》中所规定农村集体土地所有权也具有确定农村土地所有权归属以及农村集体土地所有者对土地的所有和支配关系，这与《物权法》中的所有权在本质上并无差异，并且无论《宪法》还是《物权法》对农村集体土地所有权进行立法规定，都是为了实现对这种权利的法律保护，况且两部法律中所规定的农村集体土地所有权在法律适用过程中并不矛盾，《物权法》用一编对"所有权"集中进行规定，从《宪法》与《物权法》的关系来看，《物权法》的相关规定应是对《宪法》规定的延续。所以，集体土地所有权在《宪法》和《物权法》中的本质相同，均是私法意义上的所有权。《宪法》中的集体土地所有权与《物权法》中的集体所有权之间具有密切的联系，"横跨公法、私法维度的集体土地所有权，应以包容姿态接受宪法和民法赋予的意义。单一的公法或私法视角都会割裂宪法权利与民法权利的联系"。[1] "宪法上的制度保障旨在防止通过普通立法手续废除这些制度，是一种特殊保护。区别于严格意义上的基本权利，制度保障要受到法律的承认和限制。"[2] 也有学者认为只有通过强化集体土地所有权的宪法基本权利地位，方可限制国家权力对集体的逾越。应从宪法层面确认集体土地所有权的主体是"农民集合"，并借鉴私有财产权规范体系，设置不可侵犯条款、制约条款及征收补偿条款。[3]

按照传统的民法理论，权能即指权利的内容。所有权的权能包括占有、使用、收益和处分权能。具体到农村集体土地所有权，应该是指农村集体土地所有权人（农户和村民[4]）有权在其所有的集体土地上行使占有、使用、收益和处分权能，支配农村集体土地的使用价值和交换价值，

---

[1] 姜红利. 农地三权分置之下土地所有权的法律表达 [J]. 法学家，2017（5）.

[2] 卡尔·施米特. 宪法学说 [M]. 刘锋，译. 上海：上海人民出版社，2016：229.

[3] 刘连泰，刘玉姿. 作为基本权利的集体土地所有权 [J]. 江苏行政学院学报，2015（1）.

[4] 上文已详细论述农户和村民均可以成为农村集体土地所有权人。

并有权取得集体土地收益,进行集体土地流转的权利。这种按照传统民法所有权理论构建农村集体土地所有权的表述,受到很多学者的质疑,部分学者认为既然集体土地所有权具有和私人所有权不同的特质,则完全按照私人所有权理论构建集体土地所有权不妥。❶ 随着农地产权制度的改革,尤其是随着"三权分置"在政策层面上的认可,集体土地所有权的权能受到侵蚀,"三权分置"经营模式下,如何落实集体土地所有权功能最为关键。从上文我国农地制度变迁的路径可见,在我国农村集体土地所有权的基本功能是为集体成员提供平等的生存保障,在这一点上,学术界的认识基本是一致的。"在'两权分离'模式下,土地承包经营权权能不断充实并长久不变,使得这种保障渐次演变为集体分配基础上的家庭保障。在'三权分置'经营体制下,集体土地所有权的公平保障限定于某个长久不变的固定时点而非任意时点之上,这对集体土地所有权功能的实现形式进行了事实上的重塑。"❷

我国立法通过强化所有权主体所享有的权利以及对权利客体的保护,进一步发挥农村集体土地所有权的基本保障职能。《物权法》《农村土地承包法》和《土地管理法》等法律实行严格的耕地保护制度,确保农地的农业用途,并对农村集体成员的承包经营权进行全面规定。但是随着我国城镇化、工业化以及产业化的发展,稳定的土地承包经营权在现实中受到一定的冲击,随着农民"加强农地流转"的愿望的加强,我国新一轮农地改革开始。我国农地产权制度改革中,不断强化农村土地承包经营权的使用

---

❶ 韩松教授认为农民集体土地所有权的权能是管理权能,具体包括集体成员的民主管理、民主监督和集体组织的执行管理和监督管理。姜红利教授认为,管理权能既呼应了集体土地所有权主体的群体性,也避免了难以套用私人所有权权能的难题,确实具有创新性。不过,将集体土地所有权权能用"管理"一词表达,虽能涵盖所有权的"支配权"本质,但也容易与行政机关及村民委员会的管理职责相混淆,因此,只要能够对"管理"权能进行民法上的明晰界定,就可消除疑虑。韩松.论农民集体土地所有权的管理权能[J].中国法学,2016(2);姜红利.农地三权分置之下土地所有权的法律表达[J].法学家,2017(5).

❷ 刘恒科."三权分置"下集体土地所有权的功能转向与权能重构[J].南京农业大学学报(社会科学版),2017(2).

权。我国农地产权制度改革围绕所有权和使用权分离，并不断强化使用权这一基本主线展开。❶ 为了进一步增强农民种田的积极性，通过政策和立法稳定农村土地承包经营权，赋予农民更多的权利，"在'两权分离'制度框架下，为了对抗集体的不当干预，稳定承包关系和农户种地积极性，农地产权制度改革呈现出集体所有权能逐渐收缩，农户的土地承包经营权权能不断扩张的态势"。❷

我国政府力图通过稳定农村土地承包经营权，在期限上保持土地承包经营权长久不变，稳定农户或者村民的权利预期，"增人不增地，减人不减地"，除自然灾害因素外，集体原则上不得调整承包地。这一政策在短期内确实取得一定成效，然而，随着农民工进城大潮的兴起，农户对承包经营权的收益期待权明显降低，农户弃耕进城务工成为普遍现象，至此，以保持农村土地承包关系长久不变和提高农民种地积极性的初始政策目标宣告落空。"这种起点公平并长久不变的做法，无疑深刻地改变着集体土地的不可分割性、集体成员的流动性、集体土地的平等保障性等集体土地所有权的基本特性，极易由于户内成员资格变动而导致农户家庭之间代内代际持有土地份额和收益分配的不公平，与成员平等保障之间的抵牾难以根除。"❸究其根源，农户或者村民作为集体土地所有权的主体，其使用权能和处分权能受到限制，限制了农户对农地的流转权，进而限制了农户对土地的收益权能，在农地的集体所有权的四项权利内容中，农民仅保留所有权很少的权能。

《农村土地承包法》第 5 条规定："农村集体经济组织成员有权依法承包由本集体经济组织发包的农村土地。任何组织和个人不得剥夺和非法限制农村集体经济组织成员承包土地的权利。"根据该条规定，只要农户具备集体经济组成员的身份就可以取得承包经营权，在农户和集体经济组织之间产生了土地承包经营权合同，但是"为农户设定土地承包经营权更类

---

❶ 刘守英. 中国土地制度改革的逻辑与出路 [J]. 财经, 2014 (14).

❷❸ 刘恒科. "三权分置"下集体土地所有权的功能转向与权能重构 [J]. 南京农业大学学报（社会科学版）, 2017 (2).

似于发包方应当履行的义务,而并非是权利主体享有的权利。"❶《土地管理法》第63条规定:"农民集体所有的土地的使用权不得出让、转让或者出租用于非农业建设;但是,符合土地利用总体规划并依法取得建设用地的企业,因破产、兼并等情形致使土地使用权依法发生转移的除外。"根据该条规定,农村集体所有的土地使用权除了法定情形外,农民集体不可以随意进行流转,农地转变为建设用地只有通过行政征收才能实现。这便意味着所有权变动的依据并非基于所有权人的意志,而是国家公权力的命令与强制。作为农地所有权的集体及享有土地承包经营权的农户都不享有变更农地使用用途的权利。❷ 同样在征地补偿问题上,农民的收益权受到侵蚀,在征收农民的土地时,存在以下问题:农民土地被征收后,土地的所有权即转为国家所有,导致农民对集体土地所有权的丧失,同时伴随着征地补偿款过低问题的产生。针对这种状况,《2013年决定》提出了"建立城乡统一的建设用地市场",根据上述决定,在符合规划和用途管制的前提下,允许农村集体经营性建设用地出让、租赁、入股,实行与国有土地同等入市、同权同价。缩小征地范围,规范征地程序,完善对征地农民合理、规范、多元保障机制。扩大国有土地有偿适用范围,减少非公益性用地划拨。建立兼国家、集体、个人的土地增值收益分配机制,合理调高个人收益。完善土地租赁、转让、抵押二级市场。通过一系列政策措施,进一步强化农民对集体土地所有权的权能,确保农民的占有、使用、收益

---

❶ 陆剑.“二轮”承包背景下土地承包经营权制度的异化及其回归 [J].法学,2014 (3).在本文中陆教授进一步指出,集体土地所有权人以占有、使用方式统一经营集体土地的权利俨然已经被剥夺了。而在集体土地全部发包给农户的情况下,集体土地所有权人难以获得自主经营的农地。从《农村土地承包法》第63条的规范精神来看,法律对集体土地所有权人保有机动地秉持一种禁止的态度,客观上阻塞了集体土地所有权人预留一部分集体土地,独立自主经营的合理渠道。此外,《农村土地承包法》仅仅赋予了承包方解除承包合同,交回承包地的权利,但同时又禁止主动解除承包合同的农户再次获得承包地。多数从事农业生产的农民担心交回承包地无法再次获得承包地,因此不会主动交回承包地。相似观点请参见姜楠.农地三权分置制度法律问题研究 [D].长春:吉林大学,2017.

❷ 姜楠.农地三权分置制度法律问题研究 [D].长春:吉林大学,2017.关于此问题,本书在集体建设用地流转一章中从《合同法》角度进行详细阐述。

和处分权能落到实处，还权于农。

我国在农地改革的"两权分离"模式中，强化了保留承包权，流转经营权，在此基础上设置"三权分置"制度，《三权分置意见》坚持农民集体是集体土地所有权的权利主体，❶ 这是我国土地改革的底线。按照《三权分置意见》农村集体土地所有权得到充分的肯定，一是要维护农民集体在承包地的发包、调整、收回、征地以及监督使用等方面的权能，包括集体所有权依法发包集体土地，在自然灾害严重损毁等特殊情况下，可以依法调整承包地，有权就征地补偿安置方案提出意见并依法获得补偿。承包农户想把土地流转给其他人经营，需告知集体，流转进来的新经营主体，不能长期搁荒、抛荒，集体有监督权。二是要健全集体所有权行使的机制。《三权分置意见》要求建立健全集体组织民主议事的机制，切实保障集体成员的知情权、监督权、决策权，确保农民集体有效行使集体土地所有权，防止少数人私相授受，牟取私利。❷"'三权分置'正是试图集合农地流转的农民利益保障逻辑和农业经营效率逻辑双重诉求的制度创新"。❸在"三权分置"模式中，在坚持农村集体所有权的基础上，进一步稳定承包权，放活经营权，将原来的"两权分离"中的土地承包经营权分为承包权和经营权，这样就形成所有权、承包权、经营权"三权分置"并行的局面，实现了集体、承包农户、新型经营主体对土地权利的共享，土地承包权是用益物权，让新型的经营主体实现规模经营。❹然而改革是一把双刃剑，在强调农民对集体土地的处分和收益权能的同时，也使得本就在理论

---

❶ 习近平总书记高度重视农村土地农民集体所有，曾指出，坚持农村土地农民集体所有是坚持农村基本经营制度的"魂"，土地制度无论怎么改，不能把农村集体土地所有制改垮了。

❷❹ 韩长赋在国新办发布会上就《关于完善农村土地所有权承包权经营权分置办法的意见》答记者问。

❸ 刘恒科."三权分置"下集体土地所有权的功能转向与权能重构［J］.南京农业大学学报（社会科学版），2017（2）.

上不够"丰满"和"孱弱"的集体所有权再次面临新一轮的"考验"。❶

三、健全集体所有权行使的机制

(一) 继续强化农民集体所有权

农民集体所有权是中国农地发展的必然,也是我国农地改革的前提和基础,❷ 在"三权分置"模式下更应当做到始终坚持农村集体土地所有权的根本地位。按照《三权分置意见》明确土地农民集体所有,是农村经营制度的根本,必须得到充分体现和保障,不能虚置。

(二) 保持农民集体所有权能的完整性

在"三权分置"模式下坚持农村集体土地所有权不动摇,应通过强化集体所有权的占有、使用、收益和处分权能,保持所有权权能的完整性角度予以实现,强化集体所有权的私权性质。《三权分置意见》强调集体土地所有权人对集体土地依法享有占有、使用、收益和处分的权利。农民集体是集体土地所有权的权利主体,在完善"三权分置"办法的实施过程中,应强化占有、使用、收益和处分权能。

首先,应强化集体所有权的占有、使用权能。弱化国家公权力介入的尺度,凸显农民集体的意思表示权利,允许农民通过自己的自由意志表达获得农村土地承包权,并在此基础上将经营权流转出去,打破凡是集体土地一律承包的僵化经营模式。农民集体有权依法发包集体土地,任何组织和个人不得非法干预。充分保护农民对集体土地的承包权,任何组织和个人都不能取代农民家庭的土地承包地位,都不能非法剥夺和限制农户的土

---

❶ 有的学者甚至提出,承包经营权本身是一种自物权性质的物权,而按照这种理论,在"三权分置"模式下,农民的集体所有权已经被"承包权"和经营权所肢解,集体所有权的自物权性质的权利功能已经被分割完毕。学者的这种观点与如何理解"三权分置"中"三权"的内容有关,有关这部分的论述详见下文土地承包经营权一章。

❷ 有关必须坚持农村集体土地所有权的相关论述请参见前文关于集体土地所有权的相关论述。

地承包权。

其次,加强农民对集体土地的收益权。允许农民作为集体土地所有权人参与被征收农地增值利益的分配。根据《土地管理法》第47条就土地补偿费和安置补助费作了规定:征收耕地的补偿费用,包括土地补偿费、安置补助费以及地上附着物和青苗的补偿费。征收耕地的土地补偿费,为该耕地被征收前三年平均年产值的6~10倍。每一个需要安置的农业人口的安置补助费标准,为该耕地被征收前三年平均年产值的4~6倍。但是每公顷被征收耕地的安置补助费,最高不得超过被征收前三年平均年产值的15倍。土地补偿费和安置补助费的总和不得超过土地被征收前三年平均年产值的30倍。在实践中,授权国务院可以根据经济社会发展水平和各地不同情况决定是否提高补偿标准,具体由省一级人民政府组织实施。补偿款不够,可以从当地政府获得土地出让金纯收益中提取,目前,我国很多大中城市的补偿标准基本都突破了30倍。《三权分置意见》中进一步强调集体土地被征收的,农民有权就征地补偿安置方案等提出意见并依法获得补偿。

最后,应进一步扩大集体所有权的处分权能。应消除《土地管理法》第63条对集体土地用途非农建设的绝对限制。《三权分置意见》强调建立城乡统一的建设用地市场,区分不同性质的集体建设用地,在符合规划和用途管制的前提下,放开农村集体经营性建设用地的入市流转。建立和健全土地流转规范管理制度,规范土地经营流转交易,为流转双方提供信息发布、产权交易、法律咨询、权益评估、抵押融资等服务。

(三)建立健全集体经济组织民主议事机制

切实保障集体成员的知情权、决策权、监督权,确保农民集体有效行使集体土地所有权。《农村土地承包法》第18条第(3)项规定,承包方案应当按照该法第12条的规定,依法经本集体经济组织成员的村民会议2/3以上成员或者2/3以上村民代表的同意;《土地管理法》第15条第2款规定,农民集体所有的土地由本集体经济组织以外的单位或者个人承包经营的,必须经村民会议2/3以上成员或者2/3以上村民代表的同意,并报乡（镇）人民政府批准；《中华人民共和国村民委员会组织法》第24条规定，土地承包方案须经村民会议讨论决定，村民会议可以授权村民代表会议讨论决定。第26条规定，村民代表会议有2/3以上的组成人员参加方可召开，所作决定应当经到会人员的过半数同意。第28条规定，召开村民小组会议，应当有本村民小组18周岁以上的村民2/3以上，或者本村民小组2/3以上的户的代表参加，所作决定应当经到会人员的过半数同意。

第三章　三权分置背景下的农村土地承包经营权

第一节　土地承包经营权的法政策和法逻辑

一、土地承包经营权的发展与演绎

前文梳理了农村集体所有权的历史沿革，集体所有权的发展演进直接影响到土地承包经营权的发展，在我国土地的变迁历史中，始终伴随着集体和集体成员以及土地所有和土地利用之间的关系变动。

（一）萌芽阶段

中华人民共和国成立前，由于实行封建农村土地所有权，地主垄断土地，农民（佃户）只能向地主租种土地，通过缴付地租耕作农田维持生活，地主和农民之间的政治和经济地位是不平等的，由此造成这种租种关系的不平等性。中华人民共和国成立后，农户自主经营，农民集所有权者与经营者为一身，不存在所谓的土地承包关系。此后我国实行土地公有制改造，通过土地改革、农业合作化运动以及人民公社运动，最终形成"三级所有、队为基础"的农村土地制度。在党的十一届三中全会后，我国农地改革迎来新的发展机遇，在实践中逐渐采取将农村集体土地承包到户，并最终在我国立法中对农村土地承包经营权予以明确化。

（二）立法化发展阶段

1979年安徽省凤阳县小岗村公社的社员实行包产到户，揭开了我国农村土地承包经营权改革的序幕，由于"土地承包责任制极大地调动了农民的生产积极性，最大限度地解放了农村生产力，使农村经济发展取得了世人瞩目的成就"。[1] 农村土地家庭联产承包责任制是中国农民的伟大实践和创新，这一制度造就了法律上的农村土地承包经营权，并以立法的形式在我国的《民法通则》《农村土地承包法》《中华人民共和国农业法》（以下简称《农业法》）、《物权法》和《民法总则》等法律中得以确认。[2] 1986 年的《民法通则》首次以立法的形式确认了农村土地承包经营权，该法第 80 条第 2 款和第 81 条第 3 款分别确认了公民、集体对土地和森林、山岭、草原、荒地、滩涂、水面的承包经营权。《民法通则》将土地承包经营权规定在"民事权利"一章中的"财产所有权和与财产所有权有关的财产权"一节中，在立法上已经确认了土地承包经营权为一种独立的民事权利类型。同时在该法的第 80 条第 2 款以及第 81 条的第 3 款，就土地承包经营权的取得方式做出规定，认为土地承包经营权中双方的权利和义务关系依照法律由承包合同予以规定，将土地承包经营权纳入债权法的保护范畴。1986 年颁布的《土地管理法》第 12 条以及 2004 年修订的《土地管理法》的第 14 条[3]再次对土地承包经营权进行立法规定，相比较 1986

---

[1] 孙宪忠. 争议与思考——物权法立法笔记［M］. 北京：中国人民大学出版社，2006：477.

[2] 《民法通则》第 80 条第 2 款规定：公民、集体依法对集体所有的或者国家所有由集体使用的土地的承包经营权，受法律保护。承包双方的权利和义务，依照法律由承包合同规定；第 81 条第 3 款规定：公民、集体依法对集体所有或者国家所有由集体使用的森林、山岭、草原、荒地、滩涂、水面的承包经营权，受法律保护。承包双方的权利和义务，依照法律由承包合同规定。

[3] 1986 年《土地管理法》第 12 条规定："集体所有的土地，全民所有制单位、集体所有制单位使用的国有土地，可以由集体或个人承包经营，从事农、林、牧、渔业生产。承包经营土地的集体或个人，有保护和按照承包合同规定的用途合理利用土地的义务。土地的承包经营权受法律保护。"2004 年《土地管理法》第 14 条规定"农民集体所有的土地由本集体经济组织的成员承包经营，从事种植业、林业、畜牧业、渔业生产。土地承包期限为三十年。发包方和承包方应当订立承包合同，约定双方的权利和义务。承包经营土地的农民有保护和按照承包合同约定的用途合理利用土地的义务。农民的土地承包经营权受法律护。"

年《民法通则》的规定,《土地管理法》在土地承包经营权规定上有几个重大的变化,首先,将土地承包经营权的主体界定为个人或集体。其次,就土地承包经营权的权利内容做了具体规定,即承包经营权人有权在承包的土地上从事种植业、林业、畜牧业、渔业生产等农业生产。再次,确认了土地承包经营权的权利期限,将土地承包经营权的期限确定为30年。1993年通过的《农业法》及经2002年修正后的《农业法》均规定了土地承包经营权,❶ 这部法律沿袭了《民法通则》和《土地管理法》的相关立法内容,进一步强化了土地承包经营权的民事权利属性,细化了包括生产经营决策权、产品处分权和收益权等土地承包经营权的权利内容,首次以立法的形式承认了土地承包经营权可以转包或转让和可继承性,这是我国立法对土地承包经营权可流转性做出的有益探索,是我国土地承包经营权立法上的一次重大突破,具有重要的社会实践和理论研究价值,直接影响了我国土地承包经营权的政策改革和立法演进。2002年通过的《农村土地承包法》是我国第一部对土地承包权最为集中规定的法律,在法律上赋予了农民长期而有保障的土地使用权利,是我国土地承包经营权立法史上的里程碑。该法设专章专节明确规定了土地承包经营权的可流转性,虽然该法并未直接规定土地承包经营权的概念,但相较以前的相关立法,土地承

---

❶ 1993年《农业法》第12条规定:"集体所有的或者国家所有由农业集体经济组织使用的土地、山岭、草原、荒地、滩涂、水面可以由个人或者集体承包从事农业生产。国有和集体所有的宜林荒山荒地可以由个人或者集体承包造林。个人或者集体的承包经营权,受法律保护。发包方和承包方应当订立农业承包合同,约定双方的权利和义务。"第13条规定:"除农业承包合同另有约定外,承包方享有生产经营决策权、产品处分权和收益权,同时必须履行合同约定的义务。承包方承包宜林荒山荒地造林的,按照森林法的规定办理。在承包期内,经发包方同意,承包方可以转包所承包的土地、山岭、草原、荒地、滩涂、水面,也可以将农业承包合同的权利和义务转让给第三者。承包期满,承包人对原承包的土地、山岭、草原、荒地、滩涂、水面享有优先承包权。承包人在承包期内死亡的,该承包人的继承人可以继续承包。"2002年《农业法》第10条规定:"国家实行农村土地承包经营制度,依法保障农村土地承包关系的长期稳定,保护农民对承包土地的使用权。农村土地承包经营的方式、期限、发包方和承包方的权利义务、土地承包经营权的保护和流转等,适用《中华人民共和国土地管理法》和《中华人民共和国农村土地承包法》。"

包经营权被赋予了新的内涵。《农村土地承包法》将土地承包分为家庭承包和其他方式承包两种类型，扩大了土地承包经营权的取得途径，并将两种不同的土地承包经营权取得途径进行区别对待，对家庭承包的土地实行物权保护，而对其他方式的土地承包实行债权保护，由于土地承包经营权的取得途径和方式不同，由此引发了土地承包经营权主体的变动，集体经济组织之外的人员成为土地承包经营权的主体有了可靠的立法依据。2007年《物权法》是对我国土地承包经营权的保护具有划时代意义的一部法律，该法在第125条明确了土地承包经营权的概念："土地承包经营权人依法对其承包经营的耕地、林地、草地等享有占有、使用和收益的权利，有权从事种植业、林业、畜牧业等农业生产。"最为重要的是在立法的编排体例上，将土地承包经营权放置在用益物权一编，并用专章就土地承包经营权进行全方位的规定，这标志着我国首次以立法的形式肯定了土地承包经营权的物权属性，不但平息了理论界对于土地承包经营权是物权性质亦或债权性质的争议，同时，很大程度上刺激了农民的生产积极性，促进农业生产水平的大幅度提高，并同时对我国农村土地承包经营权的有益探索夯实了基础。在承包期限上，该法采取灵活态度，修改了《农业法》30年的承包期限，规定"承包期届满，由土地承包经营权人按照国家有关规定继续承包"。2017年通过的《民法总则》在民事主体部分确认了农村承包经营户的主体地位，在第114条确认了民事主体享有物权，物权包括所有权、用益物权和担保物权。

二、"三权分置"权利结构的法理阐述

（一）三权分置理论的引入

我国工业化、城镇化的快速发展，极大地冲击了农村的土地产权制度，为了破解农村土地承包经营权在实践中遇到的困难，我国政府进行了农村土地制度改革，并首先从政策层面进行有益的探索。

2013年《中共中央关于全面深化改革若干重大问题的决定》（以下简称《2013年决定》）对我国农村土地制度改革产生了深远的影响，本书

主要针对《2013年决定》对土地承包经营权的相关内容展开论述。《2013年决定》提出健全城乡发展一体化体制机制，加快构建新型农业经营体系，"坚持家庭经营在农业中的基础性地位，推进家庭经营、集体经营、合作经营、企业经营等共同发展的工业经营方式创新"。"依法维护农民土地承包经营权，发展壮大集体经济。稳定农村土地承包关系并保持长久不变，在坚持和完善最严格的耕地保护制度的前提下，赋予农民对承包地占有、使用、收益、流转及承包经营权抵押、担保权能。允许农民以承包经营权入股发展农业产业化经营。鼓励承包经营权在公开市场上向专业大户、家庭农场、农民合作社、农业企业流转，发展多种形式规模经营。""赋予农民更多的财产权利，保障农民集体经济组织成员权利，积极发展农民股份合作，赋予农民对集体资产股份占有、收益、有偿退出及抵押、担保、继承权。"

《2013年决定》继续坚持我国立法中的家庭经营在农业中的基础性地位，从政策层面进一步强调应依法保护农民的土地承包经营权。在土地承包经营权的期限上，突破了《物权法》中"承包期届满，由土地承包经营权人按照国家有关规定继续承包"这一委婉的表述，直接规定"土地承包关系保持长久不变"；《2013年决定》的重要性还体现在，其赋予了农民和集体更多的土地财产权利，放开了农民对集体土地承包经营权的处分权能，强调了土地承包经营权的财产权属性，农民对承包地占有、使用、收益、流转及承包经营权抵押、担保权能，这是土地承包经营权物权属性的本质要求。"承包经营权抵押属于权利主体处分权的范畴，法律并无禁止的理由。允许承包经营权抵押，也是立法回应社会生活诉求，实现农地适度规模经营的必然要求。"❶ 土地承包经营权的可流转性以及抵押担保权的实现为我国农村土地改革提供了有效的政策参考，也为"三权分置"理论

---

❶ 陈小君. 我国农村土地法律制度变革的思路与框架——十八届三中全会《决定》相关内容解读［J］. 法学研究，2014（4）.

的提出奠定了基础。尽管《2013年决定》对此问题的规定用语仍有待商榷，❶但是毫不影响该政策规定对我国农地产权制度改革的重要贡献。

2014年1月，中共中央、国务院印发了《2014年中央"一号文件"》，提出"在落实农村集体土地所有权的基础上，稳定农户承包权、放活土地经营权，允许承包土地的经营权向金融机构抵押融资"。"三权分置"的概念正式出现在政策文件中；2014年11月，中共中央办公厅、国务院办公厅印发了《关于引导农村土地经营权有序流转发展农业适度规模经营的意见》，提出"坚持农村集体土地所有，实现所有权、承包权、经营权三权分置，引导土地经营权有序流转"。"三权分置"理论进一步得到强化。2015年2月，中共中央、国务院印发了《关于加大改革创新力度加快农业现代化建设的若干意见》，明确要求"抓紧修改农村土地承包方面的法律，明确现有土地承包关系保持稳定并长久不变的具体形式，界定农村集体土地所有权、农户承包权、土地经营权之间的权利关系"。根据该意见，认为政策层面上的"三权分置"理论已经成熟，该理论应在相关立法中得到回应，也体现了中共中央、国务院对实施这一模式的坚决态度，亦将相关法律的修改提上日程。

2016年8月30日，中央全面深化改革领导小组第二十七次会议审议通过了《三权分置意见》，提出"实行所有权、承包权、经营权'三权分置'，放活土地经营权"。对我国今后农地产权制度改革具有重要的指导作用，将产生极为重要的深远影响。"三权分置是在新的历史条件下，继家庭联产承包责任制后农村改革又一重大制度创新，也是中央关于农村土地

---

❶ 陈小君教授认为：土地承包经营权"流转"并非规范严谨的法律术语，流转与物权法理论上的用益物权处分相似，《决定》所称的流转、担保、入股等权能，实际上是土地经营权之处分权能的具体形态。土地承包经营权的担保，即是指用土地承包经营权作为实现债权的担保财产，当债权无法实现时担保权人可以依法处分该权利并优先受偿。对于不动产而言，抵押是最典型也是法定的担保方式，"担保"是"抵押"的上位概念，"抵押"是"担保"的具体方式，《决定》将"抵押"与"担保"并列，是否意味着对承包经营权还存在着其他担保方式？详细论述请参见陈小君．我国农村土地法律制度变革的思路与框架——十八届三中全会《决定》相关内容解读[J]．法学研究，2014（4）．

问题出台的又一重大政策,随着《三权分置意见》的贯彻实施,我国农村基本经营制度将更加巩固完善,现代农业将健康发展、农民收入将稳步增加、社会主义新农村建设将加快推进。"❶

2018年1月2日,中共中央、国务院印发《关于实施乡村振兴战略的意见》,巩固和完善农村基本经营制度,完善农村承包地"三权分置"制度,在依法保护机体土地所有权和农户承包权的前提下,平等保护土地经营权。农村承包土地经营权可以依法向金融机构融资担保、入股从事农业产业化经营。❷

(二) 三权分置权利结构法律关系

1. 论题的缘由

在政策确立"三权分置"理论之前,农村土地产权制度在我国立法中呈现"两权分离"之情形,即"集体所有权+土地承包经营权",这是"两权分离"的经济思想在法律上的具体阐述,在集体所有权这种自物权上设定了他物权性质的承包经营权,"实现了土地权利在集体和农民之间的有效分割,较好处理国家、集体与农户之间的土地利益关系,在短时间内就显现出以制度创新推动农业发展的强大动力"。❸ "两权分离"的农地模式随着农民流转土地愿望的增强逐渐被打破,"现在,承包经营权流转

---

❶ 韩长赋. 韩长赋在新闻发布会上就完善《农村土地所有权承包权经营权分置办法的意见》答记者问 [R/OL]. [2018-7-12]. http://jiuban.moa.gov.cn/zwllm/zcfg/xgjd/201611/t20161104_ 5350207.htm.

❷ 参见2018年1月2日中共中央、国务院印发《关于实施乡村振兴战略的意见》,其中在第九部分——推进体制机制创新,强化乡村振兴制度性供给中规定了巩固和完善农村基本经营制度。具体规定完善农村承包地"三权分置"制度,在依法保护集体土地所有权和农户承包权前提下,平等保护土地经营权。农村承包土地经营权可以依法向金融机构融资担保、入股从事农业产业化经营。实施新型农业经营主体培育工程,培育发展家庭农场、合作社、龙头企业、社会化服务组织和农业产业化联合体,发展多种形式适度规模经营。

❸ 刘振伟:《关于〈中华人民共和国农村土地承包法修正案(草案)〉的说明——2017年10月31日在第十二届全国人民代表大会常务委员会第三十次会议上)》[R/OL]. [2018-12-29]. http://www.npc.gov.cn/zgrdw/npc/xinwen/2018-12/29/content-2068326.htm.

的农民家庭越来越多，土地承包权主体同经营权主体发生分离，这是我国农业生产关系变化的新趋势。"❶ "三权分置"的农地模式也正是在这样的社会背景和需求下应运而生，顺应了农民保留土地承包权，流转土地经营权的意愿。随着"三权分置"办法的落实，土地经营权逐渐放活，农村土地这一核心市场要素的流转和集中必然加快，农地法律制度构建逐渐从强调农村承包土地的社会保障功能转向兼顾促进土地规模经营和发展现代农业。❷ 按照中央有关政策文件的精神，"三权分置"在政策层面的直观表述为"落实集体所有权，稳定农户承包权，放活土地经营权"，形成了集体所有权+农户承包权+土地经营权的农地权利结构。《三权分置意见》毕竟是关于农地"三权"的指引性文件，在"三权分置"政策规划已然成熟的今天，我们应认真落实党中央、国务院决策部署，围绕正确处理农民和土地关系这一改革主线，科学界定"三权"内涵、权利边界及相互关系，逐步建立规范高效的"三权"运行机制，不断健全归属清晰、权能完整、流转顺畅、保护严格的农村土地产权制度。❸ 目前，三权分置理论已经成为中央既定的政策选择，并且其将在立法上应有所体现，这早在 2015 年 2 月中共中央、国务院印发的《2015 年"中央一号"文件》中已经有所反映。因此，如何在法律语境下对三权分置作出合理的界定已被提上日程。我们应首先厘清"三权分置"的政策意蕴与法理释义之间的关系，在此基础上借助法学理论，进一步理顺"两权分离"模式下的土地承包经营权与"三权分置"中的承包权、经营权之间的关系，科学界定承包权和经营权的性质，形成合理的运行机构。在"三权分置"的政策意蕴与法理释义之间关系的研究中，学界观点纷呈，意见不一，早在《2013 年决定》出台

---

❶ 习近平. 在中央农村工作会议上的讲话 [C] //中共中央文献研究室. 习近平关于全面深化改革论述摘编. 北京：中央文献出版社，2014：65.
❷ 陈小君. 我国农民集体成员权的立法抉择 [J]. 清华法学，2017 (2).
❸ 《三权分置意见》第二部分"总体要求"中强调了"三权分置"的指导思想，指出应围绕正确处理农民和土地关系这一改革主线，科学界定"三权"内比涵、权利边界及相互关系，逐步建立规范高效的"三权"运行机制，进一步巩固和完善农村基本经营制度，为发展现代农业、增加农民收入、建设社会主义新农村提供坚实保障。

之时，就有很多学者从法理基础上质疑"三权分置"理论。❶虽然法学界很多学者一直质疑"三权分置"理论。但是随着 2018 年 12 月 29 日第十三届全国人民代表大会第七次会议做出修改《农村土地承包法》的决定，并对这部法律进行了第二次修正，经修正过的《农村土地承包法》正式以立法的形式确立了"三权分置"理论，因此，再质疑此理论是否应当存在已经不合时宜了。法学界应该将研究重点放在立法层面的相关规定上，并合理界定其法律意蕴作为努力方向。

2. "三权分置"权利结构法律思想的构建

目前法学界就"三权分置"思想在法律上的表述，主要存在四种不同的观点，持第一种观点的学者受西方产权经济学权利束理论的影响，认为"三权分置"是在集体土地所有权与土地承包经营权"两权分离"的基础上，再将土地承包经营权分离为土地承包权与土地经营权，形成"土地所有权+土地承包权+土地经营权"的权利结构，❷不过学者内部对承包权和经营权的性质认识不同，其中一部分学者认为承包权是成员权，经营权是债权；一部分学者认为承包权是一种物权，经营权是一种债权，两种权利在效力上存在较大差异；另有学者认为承包权和经营权均为物权。经营权也是一种用益物权，主要体现为对所经营土地的占有、使用、收益和处分权。承包权理所当然是一项独立的物。另外有学者仅界定了承包权的物权

---

❶ 有学者认为该理论"溢出了严谨的法律规则范畴，属于以政治语言代替法律术语的臆断"；"存在明显的法学逻辑悖论"；"无法在法律上得以表达"。参见陈小君. 我国农村土地法律制度变革的思路和框架 [J]. 法学研究, 2014 (4)；申惠文. 法学视角中的农村土地三权分离改革 [J]. 中国土地科学, 2015 (3)；高圣平. 新型农业经营体系下农地产权结构的法律逻辑 [J]. 法学研究, 2014 (4).

❷ 持这种观点的学者很多，具体论述请参见：刘守英. 农村集体所有制与三权分离改革 [J]. 中国乡村发现, 2014 (3)；韩长赋. 土地"三权分置"是中国农村改革的又一次重大创新 [J]. 农村工作通讯, 2016 (3)；马俊驹, 丁晓强. 农村集体土地所有权的分解与保留——论农地"三权分置"的法律构造 [J]. 法律科学, 2017 (3)；陶钟太朗, 杨遂全. 农村土地经营权认知与物权塑造——从既有法制到未来立法 [J]. 南京农业大学学报 (社会科学版), 2015 (2)；张力, 郑志峰. 推进农村土地承包权与经营权再分离的法制构造研究 [J]. 农业经济问题, 2015 (1)；申惠文. 法学视角中的农村土地三权分离改革 [J]. 中国土地科学, 2015 (3).

属性，对经营权并无论及。第二种观点主张，土地承包经营权和承包权存在较大的差异，如果土地承包权包含在土地承包经营权会造成理论上的混乱与纷争，导致土地承包经营权的功能超载，形成土地流转的现实障碍，"三权分置"应在"两权分离"的基础上，从土地承包经营权中分离出具有身份属性的土地承包权，纯化土地承包经营权的财产属性，具体权利构造为"土地所有权+土地承包经营权+土地承包权"。❶ 第三种观点认为，土地所有权、土地承包权和土地经营权"三权分置"仅仅只是政策上的表达，在法理上，自土地承包经营权分离出土地经营权，实际上是在土地承包经营权之上为经营主体设定土地经营权，因此"三权分置"在法律上应表达为"土地所有权+土地承包经营权+土地经营权"的权利结构；❷ 第四种观点认为，"三权分置"政策被形式化地理解为所有权、承包权、经营权叠加并立的土地权利结构，给农地制度的构建与完善带来挑战，"三权分置"的农村土地权利结构实为"集体土地所有权+成员权+农地使用权"三权并立。❸ 上述四种不同的观点显现了学者间在法律表达技术路径上的差异，我们应更倾向于符合法理的选择方案。❹ 学者们对"三权分置"在法律上的权利结构表达的差异主要来源于对承包权以及经营权与土地承包经营权之间法律关系的不同理解。

（1）土地承包经营权的性质。

自从我国立法中确立了土地承包经营权后，关于其性质的探讨就从未

---

❶ 丁文．论土地承包权与土地承包经营权的分离 [J]．中国法学，2015 (3).

❷ 蔡立东，姜楠．承包权与经营权分置的法构造 [J]．法学研究，2015 (3)；孙宪忠．推进农村土地"三权分置"需要解决的法律认识问题 [J]．行政管理改革，2016 (2)；刘恒科．"三权分置"下集体土地所有权的功能转向与权能重构 [J]．南京农业大学学报（社会科学版），2017 (2)；高圣平．农地三权分置视野下的土地承包权 [J]．法学家，2017 (5).

❸ 高飞．农村土地"三权分置"的法理阐释与制度意蕴 [J]．法学研究，2016 (3).

❹ 《关于完善农村土地所有权承包权经营权分置办法的意见》第三部分——"逐步形成'三权分置'格局"中指出应"逐步完善'三权'关系"，农村土地集体所有权是土地承包权的前提，农户享有承包经营权是集体所有的具体实现形式，在土地流转中，农户承包经营权派生出土地经营权。

停止，主要有债权说和物权说两种观点，《物权法》的颁布实施为此争议画上句号，土地承包经营权的物权性得到法律的认可，无疑在农村土地权利体系构建中承认土地承包经营权的物权性具有重大的理论和现实作用，其是农村土地承包经营权的自由流转和土地承包经营权抵押权的理论基础。土地承包关系的长期稳定和土地使用权的合理流转机制客观上要求土地承包经营权的物权化。❶ 农村土地承包关系的长期性和稳定性以及土地使用权的自由流转是制约土地高效利用的两个因素。一方面，如果没有一个稳定的农地关系，发包方可以在承包期内任意收回承包地，就会导致农民农业生产的积极性降低和农业投入的短期性，承认土地承包经营权的物权属性，使承包经营权不但具有对抗一般世人的效力，而且最为主要的是具有了对抗发包人的权利，制止了农村土地承包经营中，发包方利用手中的特权损害承包人的现象的发生；另一方面，如果土地使用权不能自由流转，那么农民一旦取得承包经营权人资格就意味着在承包期内被禁锢在承包土地之上，即使农民进城务工取得一份较之土地承包更为丰厚的收入时亦然，由于土地承包经营权限制流转，农民不能以出租、转让或者是抵押等方式处分土地承包经营权，他们不得不弃荒和抛荒，导致农村耕地大面积荒芜和闲置，农业收入降低，造成农村经济徘徊不前。而物权性质的土地承包经营权，承包方可以在承包期内凭借土地承包经营权的物权支配性，自由转让其承包经营权而不需发包方同意。因为，物权本质上是一种具有对抗和排他性的支配性权利，物权的处分一般无须他人意思或行为的介入。农村土地承包经营权的物权化是我国广大农村改革的现实需要所决定的，同时将改变行政性配置土地资源的方式，真正促使农民与土地利益结合在一起，从而更好地维护土地资源，发挥土地的效益。❷

按照"两权分离"理论以及《物权法》《农村土地承包法》等相关法律的规定，我国土地承包经营权来源于农村集体土地所有权，是我国物权

---

❶ 高富平．土地使用权和用益物权——我国不动产物权体系研究［M］．北京：法律出版社，2001：422．

❷ 王利明．物权法研究［M］．北京：中国人民大学出版社，2002：458．

法所确定的用益物权，但是土地承包经营权作为用益物权类型与传统民法意义上的用益物权不同，农村集体土地所有权的权利主体为集体（农户和村民），家庭承包方式取得的土地承包经营权的主体主要为本集体经济组织的成员。"现在的农村集体，恰恰是具体的农民成员组成的集体，农民享有成员权。农民的土地承包经营权，恰恰是根据自己在集体中的成员权取得的地权。"[1] 土地承包经营权的主体具有了身份性质这一属性特征，这与传统的用益物权的权利主体不同，由此造成农村土地承包经营权的主体既是用益物权的主体，又是集体土地的所有权者，从权利主体这个角度而言，农村土地承包经营权具有了"自物权"的某些属性；另外，就目前我国的立法以及相关政策文件的制定精神而言，农地承包经营权也逐渐突显其"自物权"的特质。按照传统的民法理论，是否具有期限性是自物权和他物权的重要区别之一，自物权是无期限性物权，他物权一般是有期限的，也正是因为他物权的有期限性才得以维持自物权的弹性和恢复性，当他物权期限届满，自物权的权能完全回归，自物权上所设定的限制性的物权得以解除，自物权恢复到圆满状态。在《物权法》之前的相关立法中，农地承包经营权均有期限性，《农村土地承包法》第 20 条规定：耕地的承包期为 30 年，草地承包期为 30~50 年，林地的承包期为 30~70 年。特殊林木的林地承包期，经国务院林业行政主管部门批准可以延长。而《物权法》则对土地承包期限采取灵活规定，该法第 126 条第 1 款直接承袭了《农村土地承包法》第 20 条的规定，另增加了一款内容：前款规定的承包期届满，由土地承包经营权人按照国家有关规定继续承包。从立法者的意图来看，有意将土地承包经营权的期限改造为无期限性物权。

（2）"三权"的权利结构选择。

在《三权分置意见》中，"三权"关系在我国政策上的直观表述为："农村集体土地所有权是土地承包权的前提，农户享有承包经营权是集体

---

[1] 孙宪忠. 推进农地三权分置经营模式的立法研究 [J]. 中国社会科学，2016（7）.

所有的具体实现形式，在土地流转中，农户承包经营权派生出土地经营权。"❶ 按照《三权分置意见》，土地承包经营权由集体土地所有权派生，是集体所有的实现形式；土地经营权由土地承包经营权派生，在《三权分置意见》中并未界定承包权的来源。"承包权与经营权分置以不斩断农民集体成员与农地立法权关系为前提。"❷ 按照民法理论，所有权是自物权，所有权人享有占有、使用、收益和处分四项权能，所有权人可以将四项权能中的部分权能分离出去，设定用益物权或者担保物权等他物权，他物权的设定并未影响所有权的决定性和支配性，只是在他物权设定的期限内，所有权的部分权能受到限制而已，当他物权期限届满，所有权仍可以恢复到圆满状态。当农村集体土地所有权的占有、使用和收益权能被分离出去后，形成了用益物权性质的土地承包经营权。但是在我国农村集体土地所有权基础上派生的土地承包经营权却与传统民法上的所有权和用益物权之间的关系不完全相同，如上文所述，农村土地承包经营权具有"自物权"的某些属性。既然农村土地承包经营权具有"自物权"的属性，则作为承包权人可以对承包的土地行使类似于所有权人的占有、使用、收益和处分权能，所以，在土地流转的过程中，其完全可以把土地的使用权交与他人，在土地承包经营权上设定经营权。经营权设定后，将对土地承包经营权的权利主体形成一定的限制，至于土地承包经营权是否应改为"三权分置"中的"承包权"，无论是从传统认知角度还是从法理基础来看，无此必要。❸ "正如从集体土地所有权派生出土地承包经营权之后，土地所有权仍然是浑然一体的权利，其名称并未因派生出土地承包经营权而发生改变一样，在土地承包经营权派生出土地经营权之后，土地承包经营权也仍然

---

❶ 高圣平．论农村土地权利结构的重构——以《农村土地承包法》的修改为中心［J］．法学，2018（2）．
❷ 蔡立东，姜楠．承包权与经营权分置的法构造［J］．法学研究，2015（3）．
❸ 关于土地承包经营权的权利名称，将在下文土地承包经营权的物权重塑一节中有论述。

是浑然一体的权利,其名称也不因派生出土地经营权而发生改变。"❶

综上,政策上的"三权分置"权利结构为:"集体所有权+承包权+经营权",在法理上阐析为:"集体所有权+土地承包经营权+经营权。"这一权利结构主要在土地流转场景下具有实际意义,是对农地权利结构"动态"的描述,土地承包经营权由集体所有权派生,当农地进行流转时,土地承包经营权派生出经营权,以实现承包经营权主体和经营权主体的分离;如果农地未进入流转领域,则土地权利结构仍表现为"两权分离"的"集体所有权+土地承包经营权"的权利结构,后者主要是对土地权利结构"静态"的描述,在此状态下,农村土地承包经营权由集体土地所有权派生,土地承包经营权不再派生出经营权。由此,"两权分离"和"三权分置"在法理基础上保持了一致,也降低了进行法律修改的难度,保持了法律体系的统一性和稳定性。"这一法律表达便于和《物权法》等相衔接,减少法律修改的难度,降低制度变迁成本。"❷

第二节 土地承包经营权的物权重塑

按照《物权法》的规定,土地承包经营权在性质上被立法界定为用益物权,在学术界,从民法基础理论出发,结合我国农村土地承包经营权自身的特殊性,我们认为土地承包经营权在理论上还具有"自物权"的某些特质。土地承包经营权的物权属性是确定的,按照物权法的基本法理基础,结合我国农地权利改革这一社会背景,就"三权分置"理论模式中的农村土地承包经营权从物权法的角度进行重塑,以适应农地权利改革的进

---

❶❷ 高圣平.论农村土地权利结构的重构——以《农村土地承包法》的修改为中心[J].法学,2018(2).在本文中,高圣平教授从确权登记的角度做了进一步的论证,指出:已经推行的土地承包经营权登记颁证工作也无须改变,即无须分别颁发土地承包证和土地经营证,以满足农民对土地承包经营制的长久预期。只有在农户流转土地承包经营权的情况下,才需为经营主体的土地经营权登记颁证,原农户的土地承包经营权登记簿和权证只需记载土地经营权的权利负担即可,无须重新就土地承包权登记颁证。

程，为我国农地立法提供可借鉴性建议。

一、名称之争：土地承包经营权

在"三权分置"背景下探讨我国农地权利体系的构建，在土地承包经营权的物权重塑中，首先要解决的一个问题就是是否应该继续保留土地承包经营权这一概念。关于这一问题学界存在的争议较大。

针对在我国将来的立法中是否继续保持"土地承包经营权"这一概念，在学界形成两派相对立的观点，一种观点认为应该继承保留现行法上的土地承包权，认为现行法上的土地承包经营权其权能本身是不可分离的，且其名称并不因派生出土地经营权而发生改变；❶ 另外一种观点与之完全不同，主张应废除我国现行法上的"土地承包经营权"，但在学者内部至于用什么样的概念取代现行法上的"土地承包经营权"争议较大，有的学者认为，"土地承包经营权"应该由"农地使用权"取代，❷ 还有的学者认为应用"永佃权"代替土地承包经营，这样不仅有利于法律概念的统一、准确，而且有利于巩固农村土地使用关系，保障双方当事人的合法权益。❸ 自从"三权分置"理论在政策被固定化后，有学者主张以"土地经营权"代替土地承包经营权。❹ 笔者对废除农村土地承包经营权而以其他权利名称取代的观点不敢苟同，建议在农地权利体系中继续保持土地承包经营权这一概念。

首先，土地承包经营权不宜以"农地使用权"所取代，那些主张以农地使用权代替土地承包经营权的学者最为有利的理由就是：土地承包经营

---

❶ 高圣平. 论农村土地权利结构的重构——以《农村土地承包法》的修改为中心［J］，法学，2018（2）.

❷ 梁慧星. 中国物权法研究（下）［M］. 北京：法律出版社，1998：716；余能斌. 现代物权法专论［M］. 北京：法律出版社，2002：192.

❸ 杨立新. 论我国土地承包经营权的缺陷及其对策［J］. 河北法学，2000（1）.

❹ 陶钟太朗，杨遂全. 农村土地经营权认知与物权塑造［J］. 南京农业大学学报（社会科学版），2015（2）；吴兴国. 承包权与经营权分离框架下债权性流转经营权人权益保护研究［J］. 江淮论坛 2014（5）；潘俊. 新型农地产权权能构造［J］. 求实，2015（3）.

权具有债权性，不利于对农民权利的保护，❶可是这个理由在《物权法》颁布实施后已经不攻自破，《物权法》明确确定了土地承包经营权的物权性质。另外，"农地使用权"中所使用的"农地"范围要比承包地的范围广泛很多，就"农地使用权"和"土地承包经营权"两者之间的关系而言，"农地使用权"在理论上应是土地承包经营权的上位概念，土地承包经营只是农民对承包地的一种使用方式，用"农地使用权"代替土地承包经营权将造成农地权利体系概念和逻辑上的错误。其次，以"永佃权"取代土地承包经营权更为不妥。"永佃权"是传统民法上的一个概念，是指支付佃租，永久在他人土地上为耕作或牧畜之权。❷"永佃权"的产生主要是为了维护私有制的土地制度，在这种法律关系之下，很容易造成土地的所有者和使用者之间的永久性分离，这反而会成为制约经济发展的障碍，在我国台湾地区实行了多年的永佃权制度也逐渐被以具备一定期限性的农育权替代；土地承包经营权是我国农地改革的产物，是经过历史和实践检验过的，是适合中国国情的，并且这一概念不仅存在于我国相关法律法规中，而且已经被中国广大的老百姓所熟知和接受，我们不可能轻易的创造一个新名词来代替这一在中国已经牢固扎下根基的名称。❸而且"永佃权"也容易使农民联想到中国封建时期的佃户和地主之间的关系，会使农民心中产生不平等的错误认识。最后，以"经营权"取代土地承包经营权也不妥。持这种主张的学者受经济学观念影响较大，源于马克思主义的资本所有权与资本职能分离的原理。而具体到立法层面，作为民事权利使用的"经营权"主要体现在《民法通则》第82条，该条规定："全民所有制企业对国家授予它经营管理的财产依法享有经营权。""经营权"更多

---

❶ 虽然梁慧星教授主张以物权固定农地使用关系，使其主要用以与债法上的"承包经营"相区别，能较好地构建土地权利体系，使农地使用权成为一种真正的用益物权，但是这种观点仍值得商榷。梁慧星. 中国物权法研究（下）[M]. 北京：法律出版社，1998：716.

❷ 史尚宽. 物权法论[M]. 北京：中国政法大学出版社，2000：206.

❸ 高富平. 土地使用权和用益物权——我国不动产物权体系研究[M]. 北京：法律出版社，2001：422.

地体现了对财产的利用能力，而不是对财产的占有、使用、收益和处分权能。但土地承包经营权在本质上更侧重承包经营权人所享有的权利内容，从这个角度讲，"经营权"应在土地承包经营权的基础上才能产生，土地承包经营权是"经营权"的源权利。所以，两者在农地权利行使方面所表达的内涵和外延是不同的，用"经营权"代替土地承包经营权不符合语法逻辑。

土地承包经营权是在中国土地改革过程中，由农民自发形成的，笔者主张应在我国立法中继续保持土地承包经营权这个概念，这既顺应我国国情，也便于被大众所接受，并且符合法律逻辑。

二、土地承包经营权的流转：承包权与经营权

（一）土地承包经营权流转立法路程演进

1. 土地承包经营权流转称谓的确立

为应对农村规模化经营的需要，立法重点之一就是土地承包经营权的流转及其规制，从性质上看，流转是土地承包经营权的重要权能，也是农民行使该项物权的自主意志的体现。❶改革开放后，我国实行家庭联产承包责任制，1984 年中央 1 号文件首次提出允许农户经集体同意将土地转包，土地承包期限为 15 年。1993 年中央 11 号文件允许农户在承包期内转让土地，承包期确定为 30 年。1998 年党的十五届三中全会提出"土地使用权的合理流转，要坚持自愿、有偿的原则依法进行"。在全国范围内推广土地承包期 30 年。2001 年中央 18 号文件确立了土地承包经营权流转政策。2002 年随着《农村土地承包法》的颁布实施，土地承包经营权的流转正式以立法的形式确定下来，同年修正的《农业法》第 10 条规定："国家实行农村土地承包经营制度，依法保障农村土地承包关系的长期稳定，保护农民对承包土地的使用权。农村土地承包经营的方式、期限、发包方和承包方的权利义务、土地承包经营权的保护和流转等，适用《土地管理

---

❶ 陈小君. 我国农民集体成员权的立法抉择 [J]. 清华法学，2017（2）.

法》和《农村土地承包法》。"2007 年通过的《物权法》第 128 条和第 133 条对土地承包经营权流转这一称谓进一步确认。《物权法》第 128 条第 1 款规定:"土地承包经营权人依照农村土地承包法的规定,有权将土地承包经营权采取转包、互换、转让等方式流转。"第 133 条规定:"通过招标、拍卖、公开协商等方式承包荒地等农村土地,依照农村土地承包法等法律和国务院的有关规定,其土地承包经营权可以转让、入股、抵押或者以其他方式流转。"

2. 土地承包经营权流转的限制

我国 2002 年颁布的《农村土地承包法》中确立了土地承包经营权流转的基本原则,该法第 33 条规定:"土地承包经营权流转应当遵循以下原则:(一)平等协商、自愿、有偿,任何组织和个人不得强迫或者阻碍承包方进行土地承包经营权流转;(二)不得改变土地所有权的性质和土地的农业用途;(三)流转的期限不得超过承包期的剩余期限;(四)受让方须有农业经营能力;(五)在同等条件下,本集体经济组织成员享有优先权。"该规定确立了土地承包经营权流转应遵循平等协商、自愿和有偿的原则,虽然自愿为其重要原则之一,但是鉴于农村土地承包经营权所承载的重要的特殊历史使命,在立法中同时对土地承包经营权流转进行限制性的规定;不得改变土地性质和用途,并对转包的期限、受让方能力以及本集体经济组织成员的优先权进行了规定。

2007 年《物权法》承袭了《农村土地承包法》第 33 条的立法精神,对土地承包经营权流转的期限和流转的方式等方面进行限制性规定。《物权法》第 128 条规定:"土地承包经营权人依照农村土地承包法的规定,有权将土地承包经营权采取转包、互换、转让等方式流转。流转的期限不得超过承包期的剩余期限。未经依法批准,不得将承包地用于非农建设。"并在第 129 条规定土地承包经营权人将土地承包经营权流转时,"应向县级以上地方人民政府申请土地承包经营权变更登记;未经登记,不得对抗善意第三人"。

2002 年《农村土地承包法》规定的土地承包经营权流转主要限于转包、出租、互换、转让、入股、抵押 6 种方式,区别了家庭承包和其他方式承包，并确立了不同的土地流转方式，该法第 32 条规定："通过家庭承包取得的土地承包经营权可以依法采取转包、出租、互换、转让或者其他方式流转。"第 42 条规定："承包方之间为发展农业经济，可以自愿联合将土地承包经营权入股，从事农业合作生产。"第 49 条规定："通过招标、拍卖、公开协商等方式承包农村土地，经依法登记取得土地承包经营权证或者林权证等证书的，其土地承包经营权可以依法采取转让、出租、入股、抵押或者其他方式流转。"由上述立法可知，在土地承包经营权流转的规定上，对以家庭承包方式取得的土地承包经营权流转方式限制较为严格，没有明确入股和抵押为家庭承包取得的土地承包经营权可以采用的流转方式，但是该法第 32 条"或者其他方式流转"这一概括性的表述，为入股和抵押成为家庭承包经营的土地流转方式留下了空间。《物权法》基本上沿袭了《农村土地承包法》的规定，在第 128 条、第 133 条和第 184 条就土地承包经营权流转进行规定，❶ 明确抵押不能成为通过家庭承包取得的土地承包经营权的流转方式，删除了"出租"这一流转方式，但同样，在第 133 条"或者以其他方式流转"为流转方式的多样化在立法中留下余地。另外，在立法中对土地承包经营权的"转让"限制较大，土地承包经营权的"转让"为土地承包经营权"流转"的一种，也是最为重要和最具争议的一种流转方式。❷ 依照法理，土地承包经营权转让是指原承包方（出让人）在土地承包经营权有效期限内通过协议、招标、拍卖或赠与等方式将部分或全部土地承包经营权让渡给其他从事农业生产经营的农户（受让人），由后者履行相应土地承包合同约定的权利和义务的行为。❸ 可见，土地承包经营权的转让并非是农地所有权的转让，只是农地使用权的

---

❶ 《物权法》第 133 条规定："通过招标、拍卖、公开协商等方式承包荒地等农村土地，依照农村土地承包法等法律和国务院的有关规定，其土地承包经营权可以转让、入股、抵押或者以其他方式流转。"第 184 条规定："下列财产不得抵押：（一）土地所有权；（二）耕地、宅基地、自留地、自留山等集体所有的土地使用权，但法律规定可以抵押的除外。"

❷ 此处以土地承包经营权的转让为例探讨土地承包经营权的流转。

❸ 罗大钧. 农村家庭土地承包经营权流转中的法律关系辨析——以对《中华人民共和国农村土地承包法》的分析为视角 [J]. 河南政法管理干部学院学报，2006（6）.

主体发生了变化，由受让人取得新的农地承包人的地位。对于受让人而言，得到的是仅能用于农业生产的权利，而不能私自改作他途。因此在立法和实践中，应当允许农村土地承包经营权的可转让性。对于农地承包经营权转让是否经发包方同意，在立法和实践中存在争议。2002年《农村土地承包法》第 37 条规定："采取转让方式流转的，应当经发包方同意。"这样的规定存在两个严重问题：第一，理论上违背了农地承包经营权的物权性质，因为只有普通债权的转让才须征得对方当事人的同意。这使得农地承包经营权对于其在《物权法》中"用益物权"之定位而言有名无实，表现出物权化不彻底的倾向；第二，在实践中为土地所有权人对农地承包经营权流转的干涉提供了新的空间。❶ 为农村土地承包经营权的流转设定障碍，否定农村土地承包经营权的物权性，否定其作为物权的支配性和绝对性，不利于农村经济的市场化。笔者认为，应当沿袭《物权法》的立法精神，将"转让"与"转包、出租、互换"等行为同等对待，在转包时转让人只需向发包人通知并备案即可，而无须获得发包人的同意。这样既没有完全禁止土地承包经营权的转让，也不是土地承包经营权在转让之后自动变为非农的土地用益权，不会改变农地的使用用途。

关于农村土地承包经营权转让后的受让主体，《农村土地承包法》也规定了一个限制性条件，即受让方是从事农业生产经营的农户。这个规定给转让方限制了土地承包经营权转让（受让方）的范围，按此理论，如果本集体经济组织内的农户不愿受让，那么承包人将无法转让其承包权，而找本集体经济组织以外的农户成本又过高，将出现土地承包经营权转让落空，造成农村承包地抛荒弃耕，一方面，造成流转封闭，不利于农村土地资源的优化配置，另一方面，无法真正按照市场价格转让，不利于转让方转让收益的真正实现。

改革的方向绝不是要把农民限制于土地之上，而是尽可能地促成农民向城市居民的转化，破除身份的禁锢。能否转让不在于使用人是否具备集

---

❶ 陈小君. 后农业税时代农村土地法律制度的完善 [R/OL]. [2008-08-12]. http://ielaw.uibe.edu.cn/lfjy/8144.htm.

体成员资格，而在于土地的用益是否用作农业生产。应当取消受让方必须是"其他从事农业生产经营的农户"之法律规定，这样将更有利于农村土地资源的优化配置，真正实现转让方转让收益的最大化，达到切实保护转让方的合法权益，实现提高农村土地利用效率。按照《物权法》的规定，国家放开了对农村土地承包经营权流转的限制，对于转承包对象没有限制，也就是说，城市居民下乡承包农村土地是不受限制的，因此不应当限定农村土地承包经营权转让中的受让主体，而可能是取得该项权利的任何人，不但本集体经济组织成员和集体经济组织之外的其他成员可以成为受让人，而且只要是有农地耕作能力的一切非农民个人和法人均可以成为受让方。经调研，目前东北地区的许多下岗职工在河北省衡水市武邑县个别农村承包了大片农田耕种，收到了良好的社会效益，为当地农村经济发展提供了资金和技术，促进了农村经济的市场化和城市化。

3. 土地承包经营权的制度缺陷

我国土地承包经营权制度自产生以来，由于其诞生的土壤与生存环境的特殊性，造就了这一制度承载着"平均地权""耕者有其田"的政治使命，《农村土地承包法》和《物权法》中的相关规定无不彰显这一制度的"均等、保障"功能。一直以来，土地几乎完全承载了农民包括就业、生活、医疗、子女教育、养老在内的各种保障功能，这些社会保障功能是土地承包经营制得以建立的逻辑起点。❶ 无论是在国家政策还是立法规定上，土地承包经营权的规定几乎都是以其所承载的社会保障功能为逻辑起点的，由此弱化了土地承包经营权作为一项用益物权本身所应具有的民事权利属性。尽管我国《物权法》确立了土地承包经营权为用益物权，但用益物权的本质在土地承包经营权上体现得不够充分，更不用说在学理上承包经营权本身还应具有的"自物权"属性，土地承包经营权人对土地承包经营权的处分权能受到了严格的限制，"《物权法》上土地承包经营权处分权能的阙如，导致由土地承包经营权分解的土地经营权不能顺畅地进入市场流转，阻碍了农民手中的土地资产的资本化。因此，必须从法律上消除土

---

❶ 刘连泰. "土地属于集体所有"的规范属性 [J]. 中国法学, 2016 (3).

地使用权资本化的制度障碍，为土地经营权投入市场、实现其价值提供法律依据。"❶ 也正如上文所述，土地承包经营权的流转即为明证，从而导致农地流转不畅，无法适应农业现代化对土地大规模经营的需求。为了强化土地承包经营权的私法财产保障功能，弱化其公法性质的社会保障功能，发挥土地承包经营权的财产法经济功能，释放农地权利的融资效用，促进农地权利流转，我国开始新一轮的"三权分置"农村产权制度改革，在现阶段深化农村土地制度改革，顺应农民保留土地承包权、流转土地经营权的意愿，将土地承包经营权分为承包权和经营权，实行所有权、承包权、经营权分置并行，着力推进农业现代化，是继家庭联产承包责任制后农村改革的又一重大制度创新。❷《三权分置意见》提出了承包权和经营权，而我国现有农地制度的相关立法中并无这两个概念，法律政策中的承包权和经营权不是法定的权利类型，亦非既定的、规范的民法学概念。理论界和实务界基于对"三权分置"相关政策的不同解读，对承包权和经营权的法律性质进行了深入探讨。

（二）承包权

1. 承包权的性质学术争议

对于承包权的性质，学术界主要形成了成员说和用益物权说两种观点。成员说认为：所谓承包权是由农村集体经济组织的成员初始取得该集体经济组织发包的土地承包经营权的一种资格，这种承包权就明显不属于土地承包经营权的内容，而是外在于土地承包经营权的一种权利，其反映的是农村集体经济组织成员与其所属的集体经济组织之间的关系，作为社

---

❶ 马俊驹，丁晓强. 农村集体土地所有权的分解与保留——论农地"三权分置"的法律构造［J］. 法律科学（西北政法大学学报），2017（3）.

❷《关于完善农村土地所有权承包权经营权分置办法的意见》中，指出三权分置的重要意义，认为"三权分置"是农村基本经营制度的自我完善，符合生产关系适应生产力发展的客观规律，展现了农村基本经营制度的持久活力，有利于明晰土地产权关系，更好地维护农民集体、承包农户、经营主体的权益；有利于促进土地资源合理利用，构建新型农业经营体系，发展多种形式适度规模经营，提高土地产出率、劳动生产率和资源利用率，推动现代农业发展。

员权（成员权）的承包权是农村集体土地所有权主体制度的内容之一，不属于土地承包经营权制度的组成部分。❶ 土地承包权名为权利，实则是一种承包土地的资格，而非一项可以长久行使的财产权利。❷ 笔者认为将承包权界定为成员权，在法理上值得商榷。

首先，成员权享有的只是一种期待性利益。成员权确实是取得土地承包经营权的一种资格，但是并非是取得土地承包经营权的充分条件，成员权作为一种资格性权利，在本质上只是一种期待性权利，只有当成员和集体经济组织签订了土地承包经营合同，才依据合同取得土地承包经营权，并非只要是成员就可以取得土地承包经营权；另外，在现实中存在虽具备成员资格，但却无法取得土地承包经营权的情形，如新增人口在我国目前"增人不增地、减人不减地"的政策实施下，面临着无法取得承包经营权的困境。按照《三权分置意见》的规定，取得承包权的是本集体经济组织的成员的规定，承包权的取得以成员权为前提条件，但是具备成员权并非一定会取得承包权。

其次，成员权理论本身有待进一步深化和探讨。如上文所述，成员权虽然在我国得到了立法和政策的认可，但是关于成员权的内涵、资格取得与丧失、成员权的权利内容等都有待研究确定，以此作为承包权取得的理论依据是有很大的学术风险的，这将造成承包权的理论研究陷入僵局。

最后，按照《三权分置意见》，土地承包权的权利内容包括占有、使用和收益权，明确界定了承包权作为权利本身应具有的涵义和属性，是权利主体对土地所享有的支配与使用权，承包权本身是权利，而不是资格。鉴于上述缘由，笔者主张承包权是具有身份属性的用益物权。

《三权分置意见》将土地承包权界定为"土地承包权人对承包土地依法享有占有、使用和收益的权利。农村集体土地由作为本集体经济组织成员的农民家庭承包，不论经营权如何流转，集体土地承包权都属于农民家

---

❶ 高飞. 农村土地"三权分置"的法理阐释与制度意蕴 [J]. 法学研究，2016 (3).

❷ 朱广新. 土地承包权与经营权分离的政策意蕴与法制完善 [J]. 法学. 2015 (11).

庭。任何组织和个人都不能取代农民家庭土地承包地位，都不能非法剥夺和限制农户的土地承包权"。❶ 按照此意见，土地承包权具有以下特点。

第一，承包权的主体具有身份性。这里所谓"土地承包权人"是本集体经济组织成员的农民家庭，"是指拥有集体成员身份的（承包）农户。如此，土地承包权带有很明显的身份属性"。❷ 土地承包权的取得以权利主体为本集体经济组织成员为前提，即以成员权为基础条件。由此可知，承包权是农村集体经济组织成员承包土地的资格，是该集体经济组织成员初始取得承包地的资格，有此资格则有权在本集体经济组织发包土地时承包土地。❸

第二，土地承包权具有用益物权性质。在传统民法学上，用益物权是指非所有权人对他人之物的占用、使用和收益权。在农地承包权中，承包人享有占有、使用和收益的权利。这正是用益物权的权利内容。具体指承包农户依法对其承包经营的耕地、林地、草地等享有的从事种植业、林业、畜牧业等农业生产的用益物权，为本集体成员；客体是其承包经营的耕地、林地、草地等农村土地；内容是从事种植业、林业、畜牧业等农业生产；性质上属于用益物权。❹

第三，承包权具有社会保障的功能，体现了土地承包经营权的公法保属性。承包权人可以将经营权流转，但是其承包保持不变，这也是成员权在土地承包权上的具体落实和体现，"蕴含着或者说承载着'耕者有其田'

---

❶ 《关于完善农村土地所有权承包权经营权分置办法的意见》第三部分——逐步形成"三权分置"格局中，强调要严格保护农户承包权，农户享有土地承包权是农村基本经营制度的基础，要稳定现有土地承包关系并保持长久不变。土地承包权人对承包土地依法享有占有、使用和收益的权利。

❷ 马俊驹，丁晓强. 农村集体土地所有权的分解与保留——论农地"三权分置"的法律构造 [J]. 法律科学（西北政法大学学报），2017（3）.

❸ 高飞. 农村土地"三权分置"的法理阐释与制度意蕴 [J]. 法学研究，2016（3）.

❹ 刘守英，高圣平，王瑞民. 农地三权分置下的土地权利体系重构 [J]. 北京大学学报（哲学社会科学版），2017（5）.

的成员权功能"。❶ 结合上述承包权的两个特征，可以将土地承包权界定为具有身份属性的用益物权，"将土地承包权界定为具有身份属性的财产权，有利于在'三权分置'改革中，以土地承包权继续肩负原先土地承包经营权的身份属性和社会保障功能，从而使土地经营权的财产权利属性得以纯化，为农地流转开辟新的领域。"❷

2. 承包权与土地承包经营权关系再定位

如果将承包权界定为具有身份属性的用益物权，是本集体经济组织成员基于其对集体土地所有权而取得，集体成员身份是土地承包经营权权利主体形成的内在条件，❸ 则此种意义上的土地承包权与《农村土地承包法》和《物权法》上所规定的以家庭承包方式取得的土地承包经营权大概一致。我国《农村土地承包法》和《物权法》区分了家庭承包和以其他方式承包取得土地承包经营权，其中以家庭承包方式取得土地承包经营权时，承包方必须是本集体经济组织成员，"土地承包经营权中仅有以家庭承包方式取得的土地承包经营权才具有身份属性"。❹

从家庭方式取得的土地承包经营权只有本集体经济组织成员才能取得，不难看出立法者的本意，即继续保持和发挥土地承包经营权的福利性和社会保障性，这也与承包权所承载的社会功能相似。

鉴于上文分析，笔者认为"三权分置"理论中的承包权即为"两权分离"理论中的家庭承包经营权中以家庭方式取得的土地承包经营权，是具有身份属性的用益物权，要充分维持承包农户使用、流转、抵押、退出承包地等各项处分权能，只有这样才能为在其基础上所派生的经营权提供理论支撑，"要赋予经营者以充分的土地流转权能，首先须以扩展承包农户的土地流转权能为前提，或者将两者即承包农户和经营者的经营权放置于同一权利架构之内加以规定，否则在法律逻辑上就是矛盾的，而'三权分

---

❶❷ 焦富民."三权分置"视域下承包土地的经营权抵押制度之构建［J］.政法论坛，2016（5）.

❸ 高富平.物权法原论（2版）［M］.北京：法律出版社，2014：592.

❹ 高圣平.论农村土地权利结构的重构——以《农村土地承包法》的修改为中心［J］.法学，2018（2）.

置'也就失去了意义。"❶ 按照"三权分置"相关理论,承包农户有权占有、使用承包地,依法依规建设必要的农业生产、附属、配套设施,自主组织生产经营和处置产品并获得收益,有权依法依规就承包土地经营权设定抵押。土地被征收的,有权获得补偿。❷ 承包权既保证了农户作为集体经济组织成员所享有的身份福利,体现了承包权的身份保障功能,也为农户的土地融资担保和流转设定土地经营权提供了政策支撑,建议在《农村土地承包法》修改时予以体现。经过如此重塑,土地承包经营权的内涵和外延被调整了,重塑后的土地承包经营权仅指以家庭承包方式之外以其他承包方式取得的土地承包经营权,可以将其定位为经营权(关于这一结论将在下文进行详细阐述),以家庭方式取得的土地承包经营权被称为承包权,换言之,承包权是承包方式受到限制的土地承包经营权。具体权利分类如图1所示。

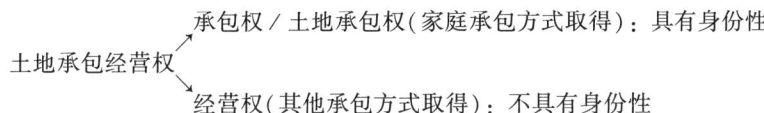

图1　土地承包经营权权利分类

(三) 经营权

在"三权分置"理论中,除了承包权之外,学术界和实务界对经营权的研究同样存在不同见解。虽然在中央文件中提出土地经营权这种权利应该可以转让、可以抵押的政策要求,并且在2018年修订后的《农村土地

---

❶ 马俊驹,丁晓强.农村集体土地所有权的分解与保留——论农地"三权分置"的法律构造[J].法律科学(西北政法大学学报),2017(3).
❷ 《关于完善农村土地所有权承包权经营权分置办法的意见》第三部分——逐渐形成"三权分置"格局中指出应严格保护农户承包权,承包农户有权占有、使用承包地,有权通过转让、互换、出租(转包)、入股或者其他方式流转承包地并获得收益;有权依法依规就承包土地经营权设定抵押、自愿有偿退出承包地,具备条件的可以因保护承包地获得相关补贴。承包土地被征收的,承包农户有权依法获得相应补偿,符合条件的有权获得社会保障费用等。

承包法》第十七条关于承包方享有的权利中，明确规定承包方享有依法流转土地经营权的权利，从而将政策语境下的农地"三权分置"理论以立法的形式确定了下来，但是何谓土地经营权以及其与承包权的关系如何等问题，仍需进一步研究和探讨。

1. 承包权的性质学术争议

学界对经营权性质的认定形成四种具有代表性的学说，第一种是"二元权说"，认为土地经营权是具有物权和债权性质的权利类型。这种观点在判定经营权是否为债权或者物权时，采用的认定标准不同：一是以土地承包经营权流转方式而对经营权性质进行相应认定，学者基于2002年《农村土地承包法》第37条的规定，认定以转让、互换产生承包经营权让渡，具有物权性质，而转包、出租不产生土地承包权利的让渡，具有债权性质；❶ 二是以土地承包经营权的流转是否登记为标准确认其权利性质，如果土地承包经营权的流转已经登记则认定其为物权，如果土地承包经营权的流转未登记则仅仅具有债权性质。❷ 第二种是"债权说"，在物权法定之下，物权非依法律明定不得创设，且同一物上不宜存在两个相互冲突的用益物权，同时土地经营权依土地流转合同而生，其本权是债权，因而土地经营权的性质应为债权。❸ 第三种是"用益物权说"，认为从农地三权分置政策的目的和功能来看，农地三权分置法律政策中的经营权应当被

---

❶ 孙中华. 关于农村土地"三权分置"有关政策法律性问题的思考［J］. 农业部管理干部学院学报，2015（3）.

❷ 赖丽华. 基于"三权分置"的农村土地经营权二元法律制度构造［J］. 西南民族大学学报（人文社会科学版），2016（11）.

❸ 持这种观点的学者主要参见吴兴国. 承包权与经营权分离框架下债权性流转经营权人权益保护研究［J］. 江淮论坛，2014（5）；刘征峰. 农地"三权分置"改革的私法逻辑［J］. 西北农林科技大学学报（社会科学版），2015（5）；高海. 论农用地"三权分置"中经营权的法律性质［J］. 法学家，2016（4）.

塑造为一种用益物权,❶也可以是次级用益物权。❷第四种是"总权利说",认为土地经营权并非具体化的单一权利,不是独立的民事权利,而是包括土地承包经营权在内的各种农地使用权的总称。因此,土地经营权不是法律语言,也无法通过立法成为法律概念。❸

首先,"二元权利说"不足取,土地承包经营权的流转在本质上是权利人对承包经营权的处分权能运用的后果,体现的是权利人对客体的支配,以这种支配表现形式不同或者处分权能运用时的变动模式来界定权利类型的做法,不符合权利设定的内在逻辑,况且"在现行法上发生权利移转效果的土地承包经营权流转方式并不能被土地经营权涵盖"。❹

其次,"总括权利说"有待商榷,土地使用权并非我国现行法体系中法定的权利类型,而是学理上的一种概括性权利,❺并且从对土地的使用

---

❶ 持这种观点的学者很多,主要参见孙宪忠. 推进农地三权分置经营模式的立法研究 [J]. 中国社会科学, 2016 (7); 崔建远. 民法分则物权编立法研究 [J]. 中国法学, 2017 (2); 蔡立东, 姜楠. 承包权与经营权分置的法构造 [J]. 法学研究, 2015 (3); 高圣平. 论土地承包收益权担保的法律构造——兼评吉林省农地金融化的地方实践 [J]. 法律科学, 2015 (6); 高圣平. 承包土地的经营权抵押规则之构建——兼评重庆城乡统筹综合配套改革试点模式 [J]. 法商研究, 2016 (1); 朱广新. 土地承包权与经营权分离的政策意蕴与法制完善 [J]. 法学, 2015 (11); 李国强. 论农地流转中"三权分置"的法律关系 [J]. 法律科学, 2015 (6); 焦富民. "三权分置"视域下承包土地的经营权抵押制度之构建 [J]. 政法论坛, 2016 (5).

❷ 朱广新. 土地承包权与经营权分离的政策意蕴与法制完善 [J]. 法学, 2015 (11); 蔡立东, 姜楠. 承包权与经营权分置的法构造 [J]. 法学研究, 2015 (3); 孙宪忠. 推进农村土地"三权分置"需要解决的法律认识问题 [J]. 行政管理改革, 2016 (2).

❸ 高飞. 农村土地"三权分置"的法理阐释与制度意蕴 [J]. 法学研究, 2016 (3);《全国人民代表大会法律委员会关于〈全国人民代表大会常务委员会关于修改中华人民共和国行政诉讼法的决定(草案)〉修改意见的报告——2014年10月31日在第十二届全国人民代表大会常务委员会第十一次会议上》[J]. 中华人民共和国全国人民代表大会常务委员会公报, 2014 (6).

❹ 高圣平. 论农村土地权利结构的重构——以《农村土地承包法》的修改为中心 [J]. 法学, 2018 (2).

❺ 张平, 应瑞瑶. 农村土地承包经营立法若干理论问题探讨 [J]. 现代法学, 2000 (5).

途径角度，农村土地总体可以分为农业生产用地与建设用地，以土地使用权泛指这两种类型的土地，具有指代不明的缺陷，无法体现两种类型土地的具体区别。❶ 在"三权分置"之下，土地经营权被赋予特定的含义，具有具体的权利内容，"总括权利说"也不足采。❷

在其他两种学术观点中，争议的焦点无非为将经营权界定为债权还是物权的问题，这一争议观点主要从民法学的基础理论寻找解决的路径。在传统民法理论中，将财产权分为债权和物权，这两种权利类型具有本质上的不同，它们在权利的变动模式以及公示原则和效力上是不同的，物权主要是一种对世性的权利，是权利主体对客体绝对性支配和控制，由于物权的变动对权利人之外的第三方会产生一定的影响，所以物权的变动主要采取登记主义，这有利于保持物权权利关系的稳定性，可固定土地经营法律关系；而债权是一种相对性的权利，权利的变动仅对债权关系中的债权人和债务人产生影响，因此，在债权变动时，不需要进行变动登记，这种变动模式有利于简化变动手续，节约社会成本。经营权体现的就是权利主体对土地的利用和管理，在土地利用关系上，物权或者债权方式体现了不同的风险、成本和收益，利用人自可根据自己的经济目的和偏好，经过利弊权衡后选择有利于自己的利用方式。❸ 从此角度而言，将经营权界定为物权或者债权性质均有一定的法理基础，"如此看来，将土地经营权定性为物权抑或债权均无不可，"❹ "土地经营权的定性是一个政策选择问题，定

---

❶ 陈甦．土地承包经营权物权化与农地使用权制度的确立 [J]．中国法学，1996 (3)：92．

❷❹ 高圣平．论农村土地权利结构的重构——以《农村土地承包法》的修改为中心 [J]．法学，2018 (2)．在本文中，作者认为将经营权定性为物权，固可稳定土地经营关系，但却将土地托管、代耕代种等短期的利用关系界定为物权，也强制性地要求登记，一则与交易习惯不合，二则人为地增加了当事人之间的交易成本。将其定性为债权，虽貌似不若物权那样稳定，但却足以涵盖所有的流转关系且手续简便，从而节省交易成本。

❸ 苏永钦．走入新世纪的私法自治 [M]．北京：中国政法大学出版社，2002：99．

性为物权性土地利用权（用益物权）或债权性土地利用权均无不可"。❶笔者赞成上述观点，认为将经营权界定为物权或者债权均可，虽然债权以合同形式成立，土地的利用关系可依合同任何一方主体行使解除权而被解除，造成土地经营关系不像用益物权那样具有稳定性，如果将债权性经营权物权化，采取登记对抗主义，经过登记的经营权则具有了公示性和公信效力，保证了经营关系的稳定性，同时具有了对抗善意第三人的法律效力，同样可以起到物权保护的法律效果，这"与将土地经营权定性为物权的作用机理相若，同样可以使经营主体产生稳定的经营预期"。❷

2. 经营权与土地承包经营权关系再定位

《三权分置意见》界定了土地经营权的概念，经营主体所享有的权利等内容。土地经营权是指土地经营权人对流转土地依法享有在一定期限内占有、耕作并取得相应收益的权利。土地经营权人享有下列权利：要依法维护经营主体从事农业生产所需的各项权利。经营主体有权使用流转土地自主从事农业生产经营并获得相应收益；经承包农户同意，可依法依规改良土壤、提升地力，建设农业生产、附属、配套设施，并依照流转合同约定获得合理补偿；有权在流转合同到期后按照同等条件有限续租承包地；经营主体有权在流转土地经营权或者依法依规设定抵押；流转土地被征收的，有权获得补偿费；可采用土地股份合作、土地托管、代耕代种等多种经营方式，探索更多放活土地经营权的有效途径。❸ 依据上述政策精神，土地经营权具有以下特征。

首先，经营权的主体是土地承包权之外的另一民事主体。该主体既可以是自然人，也可是法人或者其他非法人组织，只要其具有土地经营能力即可，"该主体也可以是本集体经济组织之外的另外一个民事主体，比如

---

❶❷ 刘守英，高圣平，王瑞民. 农地三权分置下的土地权利体系重构 [J]. 北京大学学报（哲学社会科学版），2017（5）.

❸《关于完善农村土地所有权承包权经营权分置办法的意见》的第三部分——逐渐形成"三权分置"格局中指出，加快放活土地经营权，加强对土地经营权的保护，引导土地经营权流向种田能手和新型经济主体。支持新型经营主体提升地力、改善农业生产条件、依法依规开展土地经营权抵押融资。

农村普遍建立的合作社,他们也可以取得农民承包地,包括合作社成员的承包地,开展规模化经营"。❶ 这一主体与承包权主体有着明显的区别,不具有身份属性。

其次,经营权的权利内容具有广泛性,但限于农业耕作。经营权人对流转土地享有占有、耕作和取得相应的收益,有自主从事农业生产经营的权利,更为重要的是,经营权人可以对土地行使广泛的处分权能,可以采用土地股份合作、土地托管、代耕代种等多种经营方式,并可以就经营的土地再次流转或者设定抵押担保,该权利主要与农业耕作行为有关。按照《三权分置意见》的规定精神,经营权人不得改变土地的用途,不得将农用地改为建设用地使用。

最后,经营权具有期限性,以合同方式取得。经营权人对流转的土地在一定期限内享有经营权,当经营权人将土地再次流转时,承包合同不得超过原承包合同期限。

经营权以合同方式取得,并且该权利主要用于农业耕作,权利主体为承包权主体之外的主体,由此可以推断,经营权的权利取得的途径有两个:一个是直接从农村土地所有权上设定的土地经营权(以家庭承包方式之外的其他承包方式取得的土地承包经营权),另一个是直接由家庭承包方式取得的土地承包经营权(土地承包权)派生出来的土地经营权。具体权利分类见如图2所示。

土地所有权(其他承包方式取得的土地承包经营权)↘
　　　　　　　　　　　　　　　　　　　　　　　　经营权
承包权(家庭承包方式取得的土地承包经营权)↗

图 2　经营权的权利取得途径

---

❶ 孙宪忠. 推进农地三权分置经营模式的立法研究 [J]. 中国社会科学, 2016 (7).

第四章 农村集体建设用地使用权流转

按照传统的民法理论,用益物权指的是用益物权人对标的物的使用和收益为目的的权利。具体到农村集体所有的土地上,指用益物权人对集体所有的土地享有的使用和收益的权利。按照《物权法》规定,农地上的用益性物权主要包括土地承包经营权、宅基地使用权、地役权三种。我国对于农地上的集体建设用地使用权没有作出规定,因为《物权法》第135条规定,建设用地使用权是存在于国家所有的土地之上的物权,不包括集体所有的农村土地。《物权法》第151条规定:"集体所有的土地作为建设用地的,应当依照土地管理法等法律规定办理。"可见,如果使用集体所有的土地进行建设(如兴办乡镇企业、村民建造住宅、村内建设公共设施),则不属于《物权法》第12章所规定的建设用地使用权。《物权法》的这种规定,具有"同地不同权"的嫌疑,农村的土地同样可以用作建设用途,根据《土地管理法》第43条:"任何单位和个人进行建设,需要使用土地的,必须依法申请使用国有土地;但是,兴办乡镇企业和村民建设住宅经依法批准使用本集体经济组织农民集体所有的土地的,或者乡(镇)村公共设施和公益事业建设经依法批准使用农民集体所有的土地的除外。"这为农村集体土地建设使用权的使用提供了法律依据。并且按照我国法律上对土地用途的分类,集体土地主要分为农用地和非农用地,对农地的使用主要是通过农村土地承包实现的,对非农用的集体土地的使用应该建立一种新型的用益物权类型,可参照《物权法》对国有土地的规定,为集体土地的非农业用途的土地设定一种权利,即集体建设用地使用权。这种权利主要是解决农村非农业种植需要的,用来从事农村的公共设施、公共利益和农村商业性经营等建设用地。在此基础上可以将集体建设用地使用权定义为：乡（镇）村集体经济组织投资或集资，兴办乡镇企业及进行各项公益事业、公共设施等非农业建设而使用非农用土地的一种用益物权。因此，在农地用益物权类型中应包括农地集体建设用地使用权。

第一节 宅基地使用权"三权分置"

一、宅基地使用权内涵界定

（一）宅基地使用权应纳入集体建设用地使用权范畴

根据《土地管理法》第43条的规定，集体建设用地使用权主要涉及兴办乡镇企业、村民建设住宅或者乡（镇）村公共设施和公益事业三类用地，农村集体建设用地使用权是农村集体投资兴办公用事业、工商业（乡镇企事业、村办企业）或农民兴办工商业（各种形式的企业）、以自身居住为目的建设房屋等使用农村集体土地而形成的土地使用权，具体包括乡村企业和公用事业用地的使用权❶、宅基地使用权。也就是说，在《土地管理法》规定的建设性用地使用权包括宅基地使用权等在内的土地使用权。而在现行《物权法》以及实践中，宅基地使用权与集体建设用地使用权是并列而独立存在的两种不同的用益物权类型，该种处理方式是不妥当的，因为两者并无本质区别，虽然取得条件不同，但是它们产生的社会基础与主要功能是一致的，均基于集体土地所有权所派生，均主要用于建造建筑物及其附着物，集体建设用地使用权概念的内涵完全可以包容宅基地使用权。随着市场经济的发展，宅基地使用权将有限度的放开流转，这也意味着将来这两个权利将趋于融合。鉴于此，在农地权利体系构建中应将宅基地使用权纳入集体建设用地使用权中。

---

❶ 这类使用权在全国普遍存在，不过其具体形式因经济发展水平不同而有较大差别。公用事业用地如修路、建校、村部办公等使用权在各地普遍存在，而工商业用地使用权主要在沿海经济发达地区较为广泛。

根据《土地管理法》第 43 条规定，农村集体建设用地使用权主要包括三种：农户取得用于建造自用住宅的建设用地（宅基地）；农村集体经济组织获得建设用地（乡镇企业建设用地）；乡（镇）村公共设施、公益事业用地（公益用地）三种。对于农民个体工商户兴办工商企业的用地不在集体建设用地使用权范围之内。农民个体工商户兴办工商企业的用地，也应申请经批准后使用国有土地。这是不切合农村实际的制度设计，在实践中引发了大量规避法律的现象。农户可以为居住申请而取得一定面积的宅基地，但是不能获得一定面积的土地用于商业或营利性事业建设，只有农村集体经济组织才能取得工商业用途的土地使用权，这是主体的不平等对待，况且，农民完全可以在申请的宅基地中进行农副产品加工或其他经营活动，因为法律只规定了农民的宅基地使用权，而农民在自己住宅中所从事的一切合法的生产、生活活动都应受到法律的保护。如此，农民完全可以规避《土地管理法》的规定而达到工商业生产经营的目的。总体而言，该种类型的农地权利的法律规范还很不完善，有待大力加强，在农地权利体系构建中，应该把农村个体工商户的建设用地纳入集体建设用地当中，这样可以在一定程度上减轻从事工商业的农民的负担，缩短不必要的审批程序，为了防止基层组织滥用手中特权，可以建立个体工商业的审批备案制度，加强上级机关的监督指导作用。

依据上述分析，笔者认为农地集体建设用地使用权应包括乡村企业用地使用权、公用事业用地使用权、公共设施用地使用权、农民个体工商企业用地使用权及宅基地用地使用权等。我国农地用益物权类型包括土地承包经营权、地役权和集体土地建设用地使用权。

（二）宅基地使用权的功能

1. 身份属性：社会福利和保障功能

宅基地使用权是我国特有的权利类型，是农民因建设住宅而使用集体土地所形成的土地使用权，具体指的是农民个人或者家庭对于自有住房所占有的土地所享有的使用权。土地的所有权属于集体，但是农民的住房属于自己，农民对于住房占有的土地享有宅基地使用权。按照我国相关政策法律规定，宅基地使用权是与农村集体经济组织成员的资格紧密联系在一起的，并且其取得是无偿和无期限的。

1999年国务院发布《国务院办公厅关于加强土地转让管理严禁炒卖土地的通知》，指出农民的住宅不得向城市居民出售，也不得批准城市居民占有农民集体土地建住宅，有关部门不得为违法建造和购买的住宅发放土地使用证和房产证。由此开创了宅基地取得具有身份限定的原则，并在我国以后的立法中得到进一步的规定。《土地管理法》第62条第1款规定，农村村民一户只能拥有一处宅基地，宅基地的面积不得超过省、自治区、直辖市规定的标准。按照该条规定，宅基地使用权取得主体只能是本村村民，村民即具有本集体经济组织的成员，也就是说成员资格是取得宅基地使用权的前提条件；另外宅基地申请采取"一户一宅"原则，宅基地使用权是保障村民基本居住的，实现农民有居所，解决农民的基本生活保障，是农民安身立命之根本，根据《物权法》第154条规定，当宅基地因为自然灾害等原因灭失的，宅基地使用权消灭，但是失去宅基地的村民有权申请重新分配宅基地，《土地管理法》第62条第4款规定，当农村村民出卖、出租住房后，再申请宅基地的，不予批准。宅基地使用权设立的目的就是保障农村村民基本的生活保障，不能用作其他用途，不得买卖和出租，上述两条规定更是对宅基地使用权社会保障功能的具体体现；另外，根据我国相关法律法规的立法精神，我国宅基地使用权的取得是通过农村村民申请国家审查批准的途径获得，宅基地使用权的取得是无偿的和无期限的，这正是农村村民作为集体成员所享有的一种社会福利。总之，宅基地使用权在一定程度上具有社会福利和社会保障功能，且包含宪法所赋予农民之生存权这一重要内容，体现了宅基地的集体公有制性质，是农村社会的一种福利分配，对于保障农民的生活和稳定农村社会关系起着重要作用。

2. 财产权利属性：用益物权功能

《物权法》明确肯定了宅基地使用权对农民的财产意义及物权属性。其中，把"宅基地使用权"作为独立的一章加以规定，足见其在物权法中的重要性。《物权法》明确了宅基地使用权的用益物权属性，在第152条规定了宅基地使用权人依法对集体所有的土地享有占有和使用的权利，有权依法利用该土地建造住宅及其附属设施。占有、使用、收益权能是用益物权的重要内容，但遗憾的是，《物权法》仅规定了宅基地使用权人享有的两项权能，限制了宅基地使用权人作为用益物权人应享有的收益权能，其实，从此处的立法也不难看出立法者的本意，就是要保障宅基地的社会保障功能，这种权利作为一种社会保障权利的属性非常明显，而其作为财产权利的属性反而不明显。❶ 并且《物权法》仅用了四个条文对宅基地使用权从用益物权的角度进行规制，这远不能发挥农村宅基地使用权的物权属性功能，将本属于私法属性的宅基地使用权的相关法律适用放在了公法性质的《土地管理法》中，❷ 又进一步降低了宅基地使用权的用益物权属性。从词源学的角度看，宅基地包括农民在其上建造住宅及其附属设施的农村集体土地，以及极少数城镇居民在中华人民共和国成立以后由于历史原因成为城镇私房所有者而经批准在其上建造房屋的集体土地。但是，从规范意义《物权法》第154条中的"村民"用语看，该法所谓"宅基地使用权"仅指农民在农村集体的土地上建造住宅及其附属设施的权利。❸ 对宅基地使用权是否可以流转问题没有作出明确规定，仅在物权法中笼统规定，宅基地使用权的转让，适用《土地管理法》等法律和国家规定，"但相关公法规范如《土地管理法》和《不动产登记条例》也仅有数条。如此，使得宅基地使用权制度体系严重缺乏法律支撑，实践中关于宅基地使用权的纠纷不断，其经济价值也因制度之桎梏而不得有效实现。"❹

上述的立法规定，在实践中造成很多问题，广为诟病的"小产权房"

---

❶ 孙宪忠．推进我国农村土地权利制度改革若干问题的思考［J］．比较法研究，2018（1）．

❷ 《物权法》第153条规定，宅基地使用权的取得、行使和转让，适用《土地管理法》等法律和国家有关规定。

❸ 陈小君．农村土地制度的物权法规范解析——学习《关于推进农村改革发展若干重大问题的决定》后的思考［J］．法商研究，2009（1）．

❹ 陈小君．我国农民集体成员权的立法抉择［J］．清华法学，2017（2）．

就是在这种背景下催生出来的，一部分人以《物权法》第155条的规定为依据，❶认为农村宅基地使用权是可以流转的，所以"小产权房"存在是合法的，持否认观点的人则认为，既然《物权法》没有明文规定宅基地使用权可以自由流转，我国又采取"房地一体"主义，"地随房走，房随地走"，宅基地使用权限制自由流转，那么建在其上的"小产权房"买卖无疑是非法的。笔者认为要合理稳定地解决"小产权房"这一问题，关键要理清宅基地使用权是否可以流转。笔者认为如果在实践中完全放开宅基地使用权的流转就会造成农村耕地流失，进而引发一系列社会问题；但如果完全禁止宅基地使用权流转，会造成土地资源的浪费，阻碍经济发展，而且还易导致农村宅基地使用权隐性市场的产生，扰乱社会秩序。笔者以为最为稳妥的一种办法就是在国家干预和宏观调控下，适度放开宅基地使用权流转。

其实就目前我国立法规定而言，还是为宅基地使用权的流转留下了发展空间，《土地管理法》第62条第4款规定农村村民出卖、出租住房后，再申请宅基地的，不予批准。这从另一个角度说明宅基地使用权是可以出租、出卖的。如果不允许农民利用宅基地使用权抵押、出资，也就减少了农民的融资手段，限制了外部资金进入农村内部，束缚了农民自主发展的手脚，不利于农村经济的发展，也会造成农村土地和城市土地"同地不同权"。但是农村土地有其特殊性，一旦处理不妥就会造成难以弥补的社会问题，这已成为不少国家的历史教训。在宅基地使用权流转问题上，我们应当采取循序渐进的办法，一方面在农地权利体系构建中建立农村宅基地有偿使用制度，这既是宅基地使用权作为用益物权的必然表现，也有利于集体资金的筹集，且有助于提高土地的利用效率，农村宅基地有偿使用还是宅基地使用权有序流转的必要条件，另一方面加强国家宏观调控作用，规范和引导农民集体利用土地进行活动。可以创建类似于国有土地有偿出让制度，在保留土地所有权的前提下，要求进行商业化利用的农户办理必

---

❶ 《物权法》第155条规定："已经登记的宅基地使用权转让或者消灭的，应当及时办理变更登记或者注销登记。"

要的商业化利用手续,并补交一定的费用。❶为此,必须改革农村宅基地使用权的流转制度,健全土地利用规划和农村宅基地使用权管理体制,从而使农村宅基地使用权与城市建设用地使用权被同等对待,还农村宅基地使用权以应有的法律地位。

二、宅基地使用权流转的政策依据:宅基地"三权分置"理论

(一)宅基地"三权分置"理论的引入

长期以来,宅基地使用权更多的体现其社会保障功能,财产法的属性基本被忽略,随着城镇化、工业化进程的加快,农村社会结构发生了重大变化,农民不再囿于土地耕作上,大批农民从农业生产中分离出来,进入城镇,造成大量的农村住宅被闲置,而因现行宅基地管理制度的特殊性,其流转形式受到限制,既不能进行村外流转或出租,也不能实现抵押等融资担保,造成农村土地资产的极大浪费,宅基地的社会福利功能与宅基地资本化的要求相去甚远,农民要求改革宅基地使用权制度的愿望越来越强烈。针对严峻的社会现实,我国政府进行了宅基地使用权改革,近年来,出台一系列的政策文件,使宅基地使用权制度的改革发生了不少变化。

(1) 2013年十八届三中全会指出,"赋予农民更多财产权利",保障农户宅基地用益物权,选择若干试点,并首次提出对农民住房财产权的抵押、担保、转让,探索农民增加财产性收入渠道。2014年进一步指出,"推进农民住房财产权抵押、担保、转让"。

(2) 2014年住房城乡建设部做出《关于做好2014年住房保障工作的通知》,逐步探索农民住房保障,并在2015年两次提出"探索农民住房保障"的新机制。

(3) 2014年,国务院提出宅基地"有偿使用""自愿有偿退出或转让宅基地"的概念。

---

❶ 高富平. 土地使用权和用益物权——我国不动产物权体系研究 [M]. 北京:法律出版社,2001:451.

（4）2015年11月，国务院印发《深化农村改革综合性实施方案》，指出："宅基地改革的基本思路是：在保障农户依法获得的宅基地用益物权基础上，改革完善农村宅基地制度，探索农民住房保障新机制，对农民住房财产权作出明确界定，探索宅基地有偿使用制度和自愿有偿退出机制，探索农民住房财产权抵押、担保、转让的有效途径。"❶ 其中的"有偿使用制度"，值得我们予以足够的注意。

（5）《2016年"中央一号"文件》提出，支持有条件的地方通过盘活农村闲置房屋发展休闲农业和乡村旅游；维护进城落户农民宅基地使用权依法资源有偿转让；推进农村土地征收、集体经营性建设用地入市、宅基地制度改革试点；完善宅基地权益保障和取得方式，探索农民住房保障新机制。

（6）2017年，强调认真总结农村宅基地制度改革试点，充分保障农户宅基地用益物权，落实宅基地集体所有权，维护农户依法取得的治安基地占有和使用权，探索农村集体组织以出租、合作等方式盘活利用空闲农房及宅基地，增加农民财产性收入，对自愿退出宅基地的农民予以补偿。

（7）2018年1月2日，中共中央、国务院印发《关于实施乡村振兴战略的意见》，指出系统总结农村宅基地制度改革试点经验，逐步扩大试点，加快《土地管理法》修改，完善农村土地利用管理政策体系。扎实推进房地一体的农村集体建设用地和宅基地使用权确权登记颁证。完善农民限制宅基地和闲置农房政策，探索宅基地所有权、资格权、使用权"三权分置"，落实宅基地集体所有权，保障宅基地农户资格权和农民房屋财产权，适度放活宅基地和农民房屋使用权，不得违规违法买卖宅基地，严格实行土地用途管制，严格禁止下乡利用农村宅基地建设别墅大院和私人会馆。❷ 我国正式在政策中确立了宅基地"三权分置"理论，是关于宅基地"三权

---

❶ 参见《深化农村改革综合性实施方案》中强调应深化农村集体产权制度改革，并深化农村土地制度改革，确立了农村宅基地改革的基本思路。

❷ 2018年1月2日，中共中央、国务院印发《关于实施乡村振兴战略的意见》第九分部——推进体制机制创新，强化乡村振兴制度性供给中指明了宅基地制度改革和试点经验。

分置"的新政策思路,也为宅基地使用权的流转指明了改革的方向。

(二) 宅基地"三权分置"理论政策意蕴和法律解析

1. 宅基地"三权分置"的政策意蕴

按照传统民法理论,财产性权利的转让,通过权利主体的自由交易行为就可实现市场对资源的优化配置,保证交易当事人转让目的的实现。但是宅基地使用权在性质和功能上的复合性,一方面承载着农民作为集体成员的保障功能,另一方面又体现了其作为用益物权的财产权功能。因此,对宅基地使用权的转让不宜采取与普通财产权转让的方式进行,我国法律也是基于上述原因,在立法中对宅基地使用权采取限制转让的态度,如果允许宅基地使用权自由转让与其他交易主体,则可能使得集体经济组织之外的成员成为宅基地使用权的主体,由此,将使宅基地使用权的社会保障功能丧失殆尽,无论是基于对农村土地农民集体所有的坚守,还是基于对农民基本居住权益的保障,都要求坚持宅基地使用权取得主体的身份限制——仅限于本集体经济组织成员,而且宅基地使用权权利内容的特殊性和无期限限制的特点也决定了其只能被集体经济组织成员享有。[1] 这显然不符合我国宅基地使用权设立的初衷,所以,流转宅基地使用权必须采取其他路径。而宅基地"三权分置"制度正是破解这一困境的关键。

在制度的设计中,一方面,应保证集体所有的根本性质不变,这是我国社会主义制度优越性的一个重要体现;另一方面,又要体现宅基地作为用益物权的财产权属性,当宅基地无偿分配给农民使用后,农民享有的是用益物权性质的财产权,应该允许其在一定基础上对宅基地使用权进行流转、租赁、抵押等,实现其财产价值。

按照《关于实施乡村振兴战略的意见》,宅基地"三权分置"是指,落实宅基地集体所有权,保障宅基地农户资格权和农民房屋财产权,适度放活宅基地和农民房屋使用权。该制度主要目的就是盘活农村闲置宅基地和农房,而盘活宅基地和农房必定离不开社会主体的广泛参与,在资源配

---

[1] 宋志红. 宅基地"三权分置"的法律内涵和制度设计 [J]. 法学评论,2018 (4).

置上更是需要打破地域和身份的限制。因此，为了防止宅基地使用权成员身份保障功能的丧失，必须坚持和落实集体所有权；在集体所有权的前提下，将具有成员资格的农户取得宅基地使用权，确保农户保持其宅基地使用权取得的身份专属性；适度放开宅基地和农民房屋使用权就是将没有身份限制的社会主体引入到宅基地的利用关系中。这样既保证了具有成员资格的农户取得宅基地使用权，又赋予了取得宅基地使用权的农户将宅基地利用和使用权转让与集体成员之外的主体使用，这种使用关系一般都是有偿的，也实现了宅基地使用权人对宅基地使用权的收益权能，一方面增加了农民收入，另一方面提高了宅基地使用权的利用效率和财产性功能的实现，实现农民集体、农户、社会主体三方主体对宅基地权利的分享，在这样一种三方共享的权利配置形态下，农民集体的土地所有权得以坚守，农户基于身份专属的宅基地使用权得以保障，社会主体可以得到某种形态的宅基地利用权利，从而提高宅基地资源配置效率。❶

2. 宅基地"三权分置"的法律释义

正如2016年的农地"三权分置"制度面临着如何将政策上升为法律的问题一样，宅基地"三权分置"也面临着同样的问题，所以对政策层面上的宅基地"三权分置"意蕴进行法律解读是必要的。

在政策中，对宅基地"三权分置"采取"集体所有权""农户资格权""农民房屋财产权"和"农民房屋使用权"等称谓，这些称谓口语化，并且便于理解，但是在法律层面进行解读时，却发现这些通俗的称谓与法理精神不符。

宅基地"三权分置"实质是宅基地使用权的二次分离，其原理与农地"三权分置"理论相似，是农民集体从土地所有权中分离出作为用益物权的宅基地使用权，并将其让渡给农户，农户作为用益物权的权利主体，再次从宅基地使用权中分离出"子权利"，并将其让渡给其他社会主体，其他社会主体取得宅基地使用权。但关于"子权利"的性质认定，在学术界

---

❶ 宋志红. 宅基地"三权分置"的法律内涵和制度设计 [J]. 法学评论, 2018 (4).

存在争议，❶笔者认为，在其他社会主体所享有的宅基地使用权性质，可以借鉴上文关于农地"三权分置"中关于农地使用权的性质认定，将其认定为物权或者债权均无不可。其他社会主体取得宅基地使用权后，可以扩大其用途，充分发挥宅基地使用权的财产法功能。

宅基地"三权分置"中农户取得宅基地使用权在政策上表述为"资格权"，"资格权"和"成员权"概念近似，均表示主体权利的取得以其为集体经济组织成员为前提，在政策文件中使用这一概念，并无不妥，便于民众理解和接受，但是笔者认为，将其上升为法律层面的"法言法语"欠妥，"资格权"并不是立法术语，在权利的分类类型中，并没有这个权利类型，并且将其和"所有权"以及"使用权"并列规定，三个概念在本质上表达的内涵不同，权利的分类标准也不统一，所以将政策层面的宅基地"三权分置"制度上升为立法，应对"资格权"进行重塑，通过上文的分析，此处的"资格权"和农地使用权"三权分置"制度中农户的承包权类似，权利的取得均以具备一定身份属性为基础和前提，在宅基地"三权分置"制度下的"资格权"其实就是农户取得的宅基地使用权，所以，借鉴上文对农地"三权分置"制度的法律重塑结论，将此处的"资格权"改为"宅基地使用权"。

三、宅基地使用权流转的法理依据——以"小产权房"为例

上述宅基地"三权分置"理论为农户宅基地使用权的二次分离提供了可行性，也为解决现实中广为诟病的"小产权房"问题提供了政策上的支撑。"小产权房"是随着社会主义新农村建设和城乡综合改革而催生的一

---

❶ 关于"子权利"的性质属性，在法学界存在较大的争议，一部分学者主张，其具有用益物权属性，但另有学者指出，在用益物权之上再设定同性质的用益物权类型，与传统民法的理论不符。前者观点参见宋志红．宅基地"三权分置"的法律内涵和制度设计［J］．法学评论，2018（4）；后者观点参见：陈小君．我国农村土地法律制度变革的思路与框架［J］．法学研究，2014（4）；温世扬、吴昊．集体土地"三权分置"的法律意蕴与制度供给［J］．华东政法大学学报，2017（3）；单平基．农村承包地经营权抵押融资改革的立法跟进［J］．比较法研究，2016（5）．

个新生事物，2007 年，小产权房问题浮出水面，引起社会各界的关注。针对各地出现"小产权房"，从 1999~2008 年，党中央、国务院三令五申，明确规定，集体土地不得用于商品住宅开发。2011 年 11 月 10 日，原国土资源部、中央农村工作领导小组办公室、财政部、原农业部发布的《关于农村集体土地确权登记发证的若干意见》第 10 条规定，农村集体经济组织非法出让或出租集体土地用于非农业建设，城镇居民在农村购置宅基地、农民住宅或"小产权房"等违法用地，不得登记发证。尽管政府三令五申，严格禁止小产权房交易，但是小产权房交易却愈演愈烈，并在全国范围迅猛发展，已经从个别农民的零星行为发展为当地乡政府、村集体组织成片开发，从"星星之火"发展到"可以燎原"，这些"村中城"境况一发不可收拾。

（一）"小产权房"诞生的土壤：经济利益

"小产权房"并不是严格的法律概念，它只是人们在社会实践中形成的一种约定俗成的称谓，其也被称为"乡产权房"，是一些村集体组织或者开发商出售的、建筑在集体土地上的房屋或由农民自行组织建造的"商品房"。由于在集体所有的土地上建设该类房屋违反了我国现行法律法规，属于法律禁止的非法建筑，不承认购买者的所有权，且其只有乡镇或村委会所发的产权证明，没有国家房管部门颁发的合法产权证，因而被称为"小产权房"或"乡产权房"。[1]"大产权"的房屋在进入二级市场时，无需缴纳土地出让金和收益收成。从这个意义上来说，"小产权"即不完全产权，只包括房屋的使用权，它与"大产权"的本质区别在于土地使用权。

按照国家目前的法规和政策，"小产权房"实质上意味着集体土地的非法入市，所以附属于土地的房产难以得到法律应有的保护，使购房者的财产权益面临极大的风险。驱使着购房者冒着法律或者是政策风险"铤而走险"的原因无非就是巨额经济利益。在商品房价持续走高、经济适用房欲购无望的情况下，目前一些打着"小产权""乡产权"旗号的项目在一

---

[1] 陈伯庚. 怎样看待小产权房 [J]. 检察风云，2007（20）.

些大城市中热销起来。小产权房最吸引购房人的是销售价格低、环境好,虽然距离远点,但是随着道路公交的延伸,距离已经不再是问题。这种"小产权房"具有强大的吸引力。对买方而言,"小产权房"让部分城市低收入群体改善了居住条件,实现了其基本的生存权。对出卖方而言,"小产权房"实现了其发展权,用集体土地开发房地产,土地出让不再由政府垄断,农民可能享有更多的土地增值收益。

(二)"小产权房"面临的困境:合理非合法

1. 合理性分析

(1)有利于"三农"问题的解决。解决"三民问题"的关键就是合理的使用和利用农村土地。在现行的法律框架下,农村集体土地不能直接进入市场交易,它进入市场的途径只有国家征收。而依照我国法律规定,政府在征用农村集体所有的土地时,要依法予以经济补偿,但补偿标准过低。如果乡镇、村集体组织或者是农民自行开发"小产权房"则可以把土地增值收益大部分留给自己。这部分收益比农民"日出而作,日落而息"的种地收益大得多,可以高效率的增加农民收入,促进"三农"问题高效率解决。

(2)有利于稳定社会秩序,平抑房价。近年来,由于地根紧缩等原因,房地产市场的供应远远不能满足市场的需求,从而导致房价的不断攀升。城镇的低收入群体在购买商品房无望,经济适用房不足的情况下,只好将目光投向了悄然兴起的"小产权房"。"小产权房"是在农村集体所有土地(主要是在农村宅基地)上建设的"商品房",它不用向政府交纳土地出让金以及其他的税费,因此,与一般的商品房相比,他们的价格就低很多,城镇居民实现了安居乐业的,稳定了社会秩序。

(3)有利于促进城乡交融,加快城镇化建设。"小产权房"符合"无投入,高产出",带动城乡一体化发展,实现"农村城市化"。随着大量市民进入农村,进一步改善农村文化基础设施建设,使城市与农村公用设施、教育、服务、生产和环境相协调,实现可持续发展,加快农村现代化步伐。

2. "非合法"现象探讨

2009年6月9日,原国土资源部进一步强调指出,"小产权房"实质是违法建筑,违反土地管理法律,违反城乡规划、建设管理的法律,违反相关政策,各地要严格依法查处大量存在的"小产权房"等违法用地、违法建筑行为。在现阶段找不到"小产权房"合法化的立法规定,因此"小产权房"是不受法律保护的。

我国农村集体所有的土地上的建筑用地用途仅限于三类:兴办乡镇企业用地、村民住宅用地(宅基地)和乡镇村办企业公共设施和公益事业建设用地。按照《土地管理法》第43条的规定:"任何单位和个人进行建设,需要使用土地的,必须依法申请使用国有土地;但是,兴办乡镇企业和村民建设住宅经依法批准使用本集体经济组织农民集体所有的土地的,或者乡(镇)村公共设施和公益事业建设经依法批准使用农民集体所有的土地的除外。"很显然,"小产权房"不属于可以占用农村集体建设用地范围之内,主要是占用了农村宅基地使用权而建设起来的,我国采取"房地一体"主义,"地随房走,房随地走",农村宅基地使用权限制流转是破解"小产权房"不合法的根源。

现阶段法律对宅基地使用权的规范主要体现在《土地管理法》和《物权法》上。根据《土地管理法》第62~63条规定:"农村村民出卖、出租住房后,再申请宅基地的,不予批准。""农民集体所有的土地的使用权不得出让、转让或者出租用于非农业建设。"从中不难看出立法者的意图就是限制农村宅基地的自由流转。"小产权房"恰恰就是建立在农村宅基地上的"商品房",农民把建好的房子或者是待建的房子转让给集体组织之外的城镇居民,毫无疑问是违背《土地管理法》的。

与《土地管理法》相比,《物权法》对宅基地的规定则过于原则性,仅仅用了4个条文进行规制,第152条规定,宅基地使用权的取得、行使和转让,适用《土地管理法》等法律和国家有关规定。可见《物权法》对待宅基地流转问题上和《土地管理法》持一样的态度,就是禁止农村土地随意流转上市。

国务院办公厅在1999年5月6日发布的《关于加强土地转让管理严禁

炒卖土地的通知》第 2 条规定："农民的住宅不得向城市居民出售。"2004 年 12 月 24 日，原国土资源部《关于深化改革严格土地管理的决定》强调："加强农村宅基地管理，禁止城镇居民在农村购置宅基地。"2008 年 1 月公布的《国务院办公厅关于严格执行有关农村集体建设用地法律和政策的通知》中明确指出："农村住宅用地只能分配给本村村民，城镇居民不得到农村购买宅基地、农民住宅或'小产权房'。"

综上，宅基地使用权流转在我国现行法律制度下找不到合法的依据，又遭到国家政策的禁止，因而建在其上的"小产权房"也难逃违法的"罪名"。

(三)"小产权房"的出路：合法化

正如黑格尔所言："存在必定合理，合理必定存在。"❶ "小产权房"存在有其合理之处，那么合理就必定存在，"小产权房"在目前情况下要"名正言顺""合法化"，首先是"用地要合法化"，实现农村宅基地使用权的自由流转，在现阶段完全具有可行性。

1. 可行性分析

(1) 法律基础：修法的可行性。"小产权房"的"用地合法化"表明允许农民集体建设用地尤其是农村宅基地使用权可上市交易，而"用地合法化"的前提是修改现有法律。"小产权房"处在法律的模糊地带，处于法律未禁止亦未允许的尴尬境地。正如王轶教授所言："无论从《宪法》还是新《物权法》还是其他相关法律的角度，乡产权房是否违规都值得商榷。"根据《宪法》第 10 条的规定，土地的使用权可以依照法律的规定进行流转。在该条中，立法者并没有区分国家和集体所有的土地，既然国家所有的土地可以自由流转，那么为什么集体所有的土地就要限制流转？这是明显的"同地不同权"不平等待遇，是对农村集体所有土地行使权利的限制。《宪法》为"小产权房"的合法化留下空间。

《土地管理法》和《物权法》均是比较原则性的规定，缺乏一个系统

---

❶ 黑格尔. 法哲学原理［M］. 杨东格，尹建军，王哲，译. 北京：北京大学出版社，2001：1.

的理论支撑与逻辑体系,因此不具有可操作性,"小产权房"成了一个"灰色地带",这均是由于《土地管理法》和《物权法》在规制宅基地使用权流转问题上存在法律漏洞造成的,《物权法》把集体建设用地使用权和宅基地使用权的流转设计给了《土地管理法》和相关法律规定,这也给宅基地使用权流转合法化留下空间。《宪法》的相关规定为《土地管理法》的修改提供了强大的理论和法律基础。

(2)历史基础:农村土地承包经营权的流转。1978年12月,拉开了中国农村土地联产承包改革的序幕,农村土地承包经营权历时几十年的发展,经历了"从无到有",从"限制流转"到"自由流转"。在农村土地改革初期,国家严格限制土地承包经营权,随着社会经济状况的变化,大量的农民自发流动到城市务工,农村土地大量闲置,如果再坚决贯彻这一原则,将造成农村土地资源的大量浪费,国家及时修改法律,按照《物权法》的规定,国家放开对农村土地承包经营权流转的限制,对于转承包对象没有限制,也就是说,城市居民下乡承包农村土地是不受限制的,实践证明,这一规定搞活了农村经济。同一部法律却对均是用益物权的两种权利采取截然不同的态度,城市居民可以下乡到农村承包土地,为什么就不能下乡购买房屋居住?这在法律逻辑上是说不过去的。今天,更多的中国城郊农民正在通过"小产权房"的形式入住农村,促进了"农村城市化",这样的创新对社会公共福利的增进效果更直接。

(3)国外经验:美国小产权房曾帮助美国度过房荒。1945年以后,美国老兵在"我们要回家"运动中大批回国,1946年美国新生婴儿达到400万人。当时美国至少需要500万套住房,但破土动工的只有几万幢。新的生产模式应运而生。威廉·莱维特在长岛的纳索县里买了一块1500英亩的马铃薯地,以流水线方式建造了第一批1.75万户住宅,全部预制构件,每家同一式样,价格低廉。这种造房模式遍地开花,房地产商们纷纷跟进,政府也适时而动,以发放国债的方式修建高速公路等基础设施。不会漏过商机的人们于是纷纷赶过来建校、开市场、建厂,一座座交通便捷的小镇由此产生。市场的力量与政府的推动顺利解决了当时美国的房荒。

(4) 宅基地"三权分置"理论提供了宅基地使用权的二次分离,为宅基地使用权的流转提供了政策支撑。具体论述请见上文。

2. 合法化的解决方案

"小产权房"涉及众多利益主体,一旦处理不当就会"牵一发而动全身"。其本身比较复杂,要分类提出解决办法,这也需要时间。宅基地使用权可以上市流转,处理不当就会损害我国18亿亩耕地红线,因此,必须加强国家宏观调控力度和健全法律监管机制。

(1) 对已经存在的"小产权房"采取逐步清理,即使修改法律,改革现有土地制度,也需要一个过程。在具体政策出台前,"小产权房"仍不可能放开,应区别不同情况采取不同的治理措施,不能采取"一刀切"政策直接下令拆除。鉴于"小产权房"地位的特殊性,对于交易双方应予以保护。对于购买"小产权房"人的合法利益,政府要给予保护。现阶段在建的"小产权房"包括两种情况:建在农村宅基地上的"小产权房"和占用耕地建设的"小产权房"。具体操作如下。

第一,保护本集体组织成员之间交易,不收取任何费用,但是必须坚决落实《土地管理法》第62条"一户一宅"的规定。

第二,集体经济组织之外的成员(包括城镇居民)购买的"小产权房",应该向集体土地所有者补交一定的"土地出让金",国家可以根据具体情况采取一定的补交标准。

第三,对于不符合城乡建设规划或占用耕地甚至基本农田建设的"小产权房",应该认真清理整顿。至于"强制拆除"还是要求购房者缴纳耕地使用税和耕地开垦费,同时向集体土地所有者补交"土地出让金",则需要土地管理部门和相关规划、建设部门认真研究,协商一致后,有针对性地提出解决办法。

(2) 为确保我国18亿亩耕地红线,在修改相关法律时应该严格限制宅基地流转的条件,包括宅基地流转范围、流转对象和流转程序。对于农民或乡镇政府集体不按法律规定开发建设的,依法查处或拆除并予以法律制裁。

(3) 提高农民征地补偿标准与"小产权房"开发并举。"小产权房"的出现突显我国土地所有制度的缺陷,"小产权房"之所以兴起也是国家征用土地补偿标准低所导致的（上文已提），如果根据市场价格标准和土地增值幅度，适当提高农民征地补偿标准，归还农民应得利益，这也将在一定程度上缓和"小产权房"所带来的社会压力。

合理而恰当的处理好"小产权房"问题，将避免城市用地开发中的无序和混乱，有助于保护出让者、购房者的合法权益。

第二节 集体建设用地使用权流转

我国实行土地公有制，根据我国法律规定，一切土地均属于国家所有或集体所有，并对两种不同所有权的土地采取了不尽相同的法律调整规则。尤其在流转问题上采取了截然不同的立法态度，国家建设用地使用权可以自由进入市场进行转让，而严格限制集体建设用地使用权的流转，除《物权法》第183条规定的以乡（镇）、村企业的厂房等建筑物抵押的，其占用范围内的建设用地使用权一并抵押外，对集体建设用地使用权的流转未做出任何的法律许可。目前学界对集体建设用地使用权是否可以流转入市也存在截然不同的观点。一种观点认为，集体建设用地使用权除集体内部调整转让外，不宜直接进入市场，而只能通过先征为国有或转为国有的方式进入市场。另一种观点认为，集体土地使用权与国家土地使用权在民事法律地位上平等，所有权的权能充分，应当同等对待。❶ 笔者认为对于集体建设用地使用权流转在我国具备政策依据和法律依据。

一、农村集体建设用地使用权流转（租赁）现状❷

（一）流转的立法规定

我国在立法中对两种所有权的土地类型采取不同的法律调整机制。在

---

❶ 高富平. 土地使用权和用益物权——我国不动产物权体系研究 [M]. 北京：法律出版社，2001：465.

❷ 因为集体建设用地使用权的租赁是其流转的一种基本形式，因此在下文中所指的流转主要针对集体建设用地使用权的租赁而言。

现行法律制度下，国有土地的物权构架及其运行规则较为完备，而对集体所有土地诸物权形态及其运行模式的设计，则是我国物权立法的一个薄弱环节。❶在集体所有土地的物权形态中，集体建设用地使用权在我国法律制度设计上，无论是"纵向"对比国家建设用地使用权，还是"横向"比对农村的土地承包经营权，在集体建设用地使用权上都体现着"差别和歧视性待遇"，其流转问题为学界所诟病。

我国对两种建设用地使用权采取截然不同的立法态度。我国实行严格的土地用途管制，这是农村集体建设用地使用权"入市"交易流转的最大制度性障碍。严格限制土地在城乡间流动配置。依据《土地管理法》第43条和第60条规定："任何单位和个人进行建设，需要使用土地的，必须依法申请使用国有建设用地；""农民集体所有的土地使用权不得出让、转让或者出租用于非农业建设。"农村集体所有的土地原则上严禁进入土地的交易市场进行流转，将集体土地转为建设用地必须经过国家征收转为国有后，再通过国有土地使用权的方式出让给土地使用权人，实践中这种做法被称为国家垄断建设用地的"一级市场"，这也是学界通称的"同地不同权、同地不同价"。国家建设用地使用权可以自由"入市"交易和流转，农村集体建设用地使用权不能享有国有建设用地使用权的同等权利，不能与后者形成城乡统一的建设用地市场，不能分享城镇化和工业化过程中土地的财产价值。在当前推动城乡一体化发展中，应逐步建立城乡统一的建设用地市场，对依法取得的农村集体经营性建设用地，必须通过统一有形的土地市场，以公开规范的方式转让土地使用权。

按照上述交叉分类标准，农村集体所有的土地按照其用途可进一步分为农用地和非农用地，集体建设用地使用权是与农村土地承包经营权相区别的权利形态，是农村集体土地用于非农业用途建设的土地。目前我国法律对农村土地承包经营权的规定基本上可以用"比较完善"来形容。除《民法通则》外，还有《农地承包法》《土地管理法》和《物权法》等单行民事法律。当农村集体土地作为农用时，经由20世纪70年代末以来的

---

❶ 余能斌.现代物权法专论［M］.北京：法律出版社，2002：186.

以包产到户为核心的农地制度变革以及相关的法律政策的演变，现行法律对土地使用者的权利已有很高程度的保障，且权利的取向也越来越明确和清晰，具体体现在2004年《农村土地承包法》和新近向全民征求意见的《物权法（草案）》中。❶ 我国对农地承包经营权经历了"债权性质"到"物权性质"，从"禁止流转"到"自由流转"的发展历程。根据我国法律规定，土地承包经营权的"流转"有多种形式，主要包括转让、租赁、继承、转包、调整等。《物权法》第182条就土地承包经营权的自由流转做了规定，同为农村集体所有，集体建设用地使用权却遇到"差别对待"，按《土地管理法》第63条的规定，集体建设用地使用权除依法取得建设用地的企业，因破产、兼并等情形致使土地使用权依法发生转移之外，被严格禁止用于非农业建设。

（二）农村集体建设用地使用权租赁类型化

依照我国法律规定，农村集体经济建设用地使用权的流转受到很大的限制，根据《土地管理法》和《物权法》的相关规定，目前以法律明确的集体建设用地使用权流转包括三种情形：一是集体建设用地使用权只能以入股、联营形式兴办企业，当乡镇集体企业破产或者兼并企业时，可以转移土地使用权，这是对集体建设用地使用权流转方式上的限制，只允许集体建设用地使用权入股和联营，原则上不允许租赁和抵押形式。二是在符合土地利用总体规划，并取得建设用地的企业，因破产、兼并等情形致使土地使用权依法转移，这是对集体建设用地使用权流转主体的限制，只允许已经取得集体建设用地使用权的破产和兼并企业才可以流转集体建设用地使用权，将普通的企业和个人排除在租赁等流转权之外。三是以乡镇、村企业的厂房等建筑物抵押的，在抵押权实现时，建筑物上的建设用地使用权也随之转移。但是随着社会经济的发展，在广大农村，土地的农业经营已经对农民没有太大的诱惑力，他们在积极的寻求着新的经营方式，于是以集体土地使用权作为资源的土地交易市场在农村悄然兴起，这其中以

---

❶ 高圣平，刘守英. 集体建设用地进入市场：现实与法律困境［J］. 管理世界，2007（3）.

集体建设用地使用权租赁为最典型和常见的方式。目前在农村集体建设用地出租问题非常普遍，有些出租交易是法律直接予以许可的，称为"合法性交易"，有的是法律未明确授权的，即通常所称的集体建设用地的"隐形交易"。其主要租赁形式有以下两大类型。

（1）集体土地所有权人或者使用权人将农业用地以建设用地的形式出租。按照我国法律规定，农业用地要转为集体建设用地必须经过严格的审批程序，如果农民集体所有的土地依法用于非农业建设的，应由县级人民政府登记造册，核发证书，确认建设用地使用权。集体土地所有权人或使用权人将农业用地以非农业建设用地的形式租赁给他人，是指在这类型的租赁关系中，出租人未依照《土地管理法》第43条的规定，取得集体土地建设用地使用权，也未获得集体土地建设用地许可证。

（2）集体土地所有权人或者使用权人出租集体建设用地使用权。具体包括以下几种：第一，集体土地所有权人或者使用权人将在集体建设用地上建造的厂房、仓库、商业性店铺等建筑物出租，达到将集体建设用地使用权出租的目的。因为根据我国民法理论以及《物权法》的相关规定，我国实行"房地一体主义"，建筑物转让时占用范围土地使用权也随之转让。第二，集体土地使用权人以集体建设用地使用权联营、入股等形式与他人合办企业后将企业的厂房、仓库办公楼出租。在这种形式下，集体土地使用权人或者使用权人将集体建设用地使用权作为投资，与他人合建企业，实际上是转让集体土地使用权的合法方式，然后再以建筑物出租的方式出租集体建设用地使用权。第三，集体土地所有权人或者使用权人直接将已批准为集体建设用地的使用权出租，将土地使用权转让给他人，这是目前集体土地流转最为普遍的形式。集体土地所有权人或者使用权人通过与承租方签订租赁合同，约定租期以及租金，承租方则取得租赁合同期限内建设用地使用权，集体土地使用权人或者使用权人取得租金。按照承租方对建设用地的用途不同，这种租赁方式可分为两种，一是将建设用地使用权出租用作房地产开发，二是房地产开发之外的其他经营活动。第四，宅基地使用权人将宅基地上已建的房屋及其附属设施出租于本集体经济组织成员或本集体经济组织之外的成员。如上所述，我国实行"房地一体主义"，将宅基地上的建筑物出租的，宅基地使用权随之出租。第五，宅基地使用权人将宅基地使用权直接出租于本集体经济组织成员或者是本集体经济组织之外的成员。

对上述集体建设用地使用权租赁等流转类型客观存在的现实，政府机关、司法部门以及理论界进行了积极地探索。目前赞成集体建设用地使用权入市的呼声也越来越高。2008年党的十七届三中全会通过《中共中央关于推进农村改革发展若干重大问题的决定》明确了集体建设用地使用权流转的可行性和必要性，在政策走向上基本确立了集体建设用地使用权进入市场化。同时在政策层面上，原国土资源部从1999年起就陆续在浙江省湖州市、安徽省芜湖市以及广东省南海市等地进行试点。在试点工程中，2005年广东省出台的《广东省集体建设用地使用权流转管理办法》影响最为深远，规定了集体建设用地使用权可以合法入市交易，打破了非经政府征地农村土地不得进入市场交易的旧的传统体制。这是我国第一个以地方法规的形式允许集体建设用地入市流转的文件，它将极有可能成为未来全国集体土地流转制度的范本。❶ 有的学者极力主张放开集体建设用地使用权的流转，因此认为将集体建设用地使用权入市可以严格限制但不是绝对禁止，限制体现为原则上不允许农地、后备农地和未完成开发的建设用地以有偿的出让方式直接进入市场，但并不排除已经建成的乡镇企业的建设用地通过企业产权的方式发生必要的市场流转。❷ 但是在探索集体建设用地使用权入市流转的过程中，也遭到了很多学者的反对，他们主要以《土地管理法》第63条的规定作为依据，认为允许集体建设用地使用权流转"这种出于良好目的的做法必将对我国法治建设产生一些负面的影响，它对于现行法治秩序的不良影响是不容忽视的"。❸

---

❶ 刘洪彬，曲福田.关于农村集体建设用地流转中存在的问题及原因分析[J].农业经济，2006（2）.
❷ 王卫国.中国土地权利研究[M].北京：中国政法大学出版社，1997：185.
❸ 陈小君.农村土地法律制度研究——田野调查解读[M].北京：中国政法大学出版社，2004：255.

二、集体建设用地使用权流转的政策依据

积极推动集体建设用地使用权市场化、城乡建设用地市场一体化的进程，一方面可以提高对集体建设用地的利用，发挥集体建设用地使用权的财产价值，另一方面可以保障农民合法的土地权益，有利于通过集体建设用地使用权的流转发展农村经济。为村庄公共产品和公共服务的供给奠定经济基础，也可谓破除现行城乡二元土地结构的重要之举。❶ 党中央国务院高度重视农村集体建设用地使用权的流转，并在相关政策文件中，对农村集体建设用地使用权流转做出相应的探索性规定。

早在2008年，中共第十七届中央委员会三次会议做出《中共中央关于推进农村改革发展若干重大问题的决定》，在决定中指出，要逐步建立城乡统一的建设用地市场，对依法取得的农村集体经营性建设用地，必须通过统一有形的土地市场、以公开规范的方式转让土地使用权，在符合规划的情况下与国有土地享有平等权益。❷ 该决定规定，对农村集体经营性建设用地，可以采用公开规范的方式进行土地使用权的流转，这是我国对农村集体建设用地使用权流转具有重要影响的政策文件。后中国共产党第十八届三中全会做出《2013年决定》，在区分公益性和经营性建设用地的基础上，聚焦在集体经营性建设用地财产权益的实现，规定建立城乡统一的建设用地市场，在符合规划和用途管制的前提下，允许农村集体经营性建设用地出让、租赁、入股，实行与国有土地同等入市、同权同价。❸ 这是集体建设用地制度的改革方向，允许以出让、租赁、入股等方式直接进入市场。2014年中共中央、国务院印发《2014年"中央一号"文件》，在文件中确立了引导和规范农村集体经营性建设用地入市的原则，继续保

---

❶ 陈小君. 我国农村土地法律制度变革的思路与框架——十八届三中全会《决定》相关内容解读 [J]. 法学研究，2014（4）.

❷ 《中共中央关于推进农村改革发展若干重大问题的决定》的第三部分——大力推进改革创新，加强农村制度建设中，强调要健全严格规范的农村土地管理制度。

❸ 在《2013年决定》第三部分——加快完善现代市场体系中，指出应建立城乡统一的建设用地市场。

持《2013年决定》中关于集体建设用地使用权流转的相关规定精神，并在此基础上，加快建立农村集体经营性建设用地产权流转和增值收益分配制度。更为重要的是，该意见提出要修改相关法律法规，规范有序的推动集体建设用地使用权流转。2014年12月公布了《关于农村土地征收、集体经营性建设用地入市、宅基地制度改革试点工作的意见》，《2015年"中央一号"文件》提出稳步推进，分类实施，2015年11月《深化农村改革综合性实施方案》明确指出了集体经营性建设用地制度改革的基本思路：允许土地利用总体规划和城乡规划确定为工矿仓储、商服等经营性用途的存量农村集体建设用地，与国有建设用地享有同等权利，在符合规划、用途管制和依法取得的前提下，可以出让、租赁、入股，完善入市交易规则、服务监管制度和土地增值收益的合理分配机制。《2016年"中央一号"文件》明确提出，进行集体经营性建设用地入市改革试点。

三、集体建设用地使用权流转的法律依据：以《土地管理法》第63条为背景

上述文件为我国农村集体建设用地使用权入市提供了政策支撑，体现了我国政府对集体建设用地使用权流转的高度重视，其实，关于集体建设用地使用权流转除了上述文件，在我国立法中也有关于集体建设用地使用权流转的法律依据。笔者认为对于集体建设用地使用权是否可以进入市场进行流转，应区别不同流转类型进行法律规制。

按照《土地管理法》的规定，农村集体建设用地主要有公益性建设用地和商业性建设用地和宅基地用地。公益性建设用地主要用于农村公共设施建设和公益建设用途的土地；商业性建设用地在将农民个体工商户纳入之后，主要指农民个人或农民集体经济组织从事营利性商业活动用地，包括农民个体工商业建设用地和集体经济组织建立乡（镇）企业用地。宅基地用地主要是农村居民为了生存建造住宅所使用的土地。

首先，对于公益性建设用地使用权，严格禁止转让或处分。公益性土地因其目的和用途特定化于公共事业上，因此，任何人都不能处分此类土

地，如出租、抵押、转让、出资入股等，不能将之用于偿债或其他变相的处分，其最终目的是保障农村公益目的和农民集体利益的实现。❶

其次，商业性的集体建设用地使用权可以采取自由转让方式。商业性建设用地包括个体工商户用地和乡（镇）企业建设用地，主要是通过有偿使用的途径取得的营利性事业建设用地，其营利性以及有偿取得就意味着存在着作为一般财产流转的可能性，即可以在村民之间流转，也可以在村民之外的主体之间流转，对于其流转方式之一——抵押，在我国《担保法》以及《物权法》中都有规定。

（一）农村集体建设用地的法律界定

土地权属和用途是划分土地类别的两个角度。土地公有体现了中国特色的土地制度，所有权分属国家和集体。这体现在《宪法》《土地管理法》中，按照《土地管理法》第4条规定："国家实行土地用途管制制度。国家编制土地利用总体规划，规定土地用途，将土地分为农用地、建设用地和未利用地。严格限制农用地转为建设用地，控制建设用地总量，对耕地实行特殊保护。"我国土地从用途上可以分为三类：农用地、建设用地和未利用地。下文将要提到的国家建设用地、农村集体建设用地以及农村集体农业用地就是这两种分类标准交叉后的产物。

对农村集体土地的建设使用权首次进行规定的是《土地管理法》第43条。通过归纳梳理，集体建设用地使用权在立法中的规定包括以下三个方面：(1) 集体建设用地使用权的主体为农民和农村集体经济组织。农村集体建设用地使用权的主体只包括两类：农民个人和农村集体经济组织。《土地管理法》第43条规定中对集体经济组织的土地范围进行了限定，即"本集体经济组织的土地"，可见非本集体经济组织成员被排除在外，另外在该法第60条中明确划定了营利性的集体建设用地使用权主体，即农村集体经济组织。(2) 集体建设用地使用权的客体为乡村非农建设土地。所谓乡村非农建设土地，是指建设乡镇企业所用的土地、乡（镇）村公共设

---

❶ 高富平. 土地使用权和用益物权——我国不动产物权体系研究 [M]. 北京：法律出版社，2001：459.

施和经办公益事业所用的土地以及农村村民建造住宅所用的土地的总称。❶（3）集体建设用地使用权的内容包括公益性建设用地使用权和商业性建设用地使用权。按照《土地管理法》的规定，宅基地使用权附属于农村集体建设用地使用权，是农村集体公益建设用地使用权的下位权利类型。

笔者认为，《土地管理法》对集体建设用地的规定存在以下诸多弊病，不利于农村经济发展和土地资源的有效合理配置。

1. 农村集体建设用地使用权的主体过于狭窄

《土地管理法》第60条只规定了一种情形可使集体建设用地使用主体扩展至本集体经济组织成员之外，即赋予农村集体经济组织以土地使用权入股、联营等形式与其他单位和个人共同举办企业的，除此之外均将农村集体建设用地的使用权的主体限制在本集体经济组织内部。立法者通过限制集体建设用地使用权的主体范围，以此达到禁止集体建设用地使用权的流转，这种立法思想随着对土地资源的开发和利用在实践中带来了很多负面影响。因此笔者认为应扩大集体经济建设用地使用权的主体，既包括本集体经济组织成员，也包括本集体经济组织之外的其他成员，既包括单位，也包括个人。

2. 农村集体建设用地使用权的内容有待进一步扩展

目前《土地管理法》规定，集体建设用地只包括三种类型的建设用地，将村农民个体工商业建设用地排除在外。按照《土地管理法》第43条的立法精神，农民个体工商户兴办工商企业的用地，也应申请经批准后使用国有土地。这是不切合农村实际的制度设计，在实践中引发了大量规避法律的现象。农户可以为居住申请而取得一定面积的宅基地，但是不能获得一定面积的土地用于商业或营利性事业建设，只有农村集体经济组织才能取得工商业用途的土地使用权，这是主体的不平等对待，况且农民完全可以在申请的宅基地中进行农副产品加工或其他经营活动，因为法律只规定了农民的宅基地使用权，而农民在自己住宅中所从事的一切合法的生产、生活活动都应受到法律的保护。如此，农民完全可以规避《土地管理

---

❶ 屈茂辉.用益物权制度研究［M］.北京：中国方正出版社，2005：335.

法》的规定，达到工商业生产经营的目的。总体而言，该种类型的农地权利的法律规范还很不完善，有待大力加强，在农地权利体系构建中应该把农村个体工商户的建设用地纳入集体建设用地当中，这样可以在一定程度上减轻从事工商业的农民的负担，缩短不必要的审批程序，为了防止基层组织滥用手中特权，可以建立个体工商业的审批备案制度，加强上级机关的监督指导作用。

在此基础上可以将集体建设用地权定义为：乡（镇）村集体经济组织或者农民个人与他人投资或集资，兴办乡镇企业或者发展农民个体工商业及进行各项公益事业、公共设施等非农业建设的非农用土地。

(二) 集体建设用地使用权租赁合同的效力

持反对观点的学者认为，集体建设用地使用权流转（租赁）是公然挑衅《土地管理法》第63条权威的行为。因为按照《合同法》第52条第（5）项的规定，集体建设用地使用权租赁合同存在着合同无效情形，即"违反了国家法律和行政法规的强制性规定"（《土地管理法》第63条），因此集体土地所有权人或者是使用权人与承租方签订的集体建设用地使用权租赁合同无效，导致所谓"履行"租赁合同的行为无效，出租集体建设用地使用权的行为应予以禁止。因此确定这种租赁合同是否有效就成为破解集体建设使用权租赁行为是否有效的关键。如果这种租赁合同不存在《合同法》规定的无效情形，这种租赁行为就具有民事效力。

1. 效力性规范和管理性规范

合同成立后并非都有效，依据其效力可分为有效合同、无效合同、可变更、撤销合同和效力待定合同。无效合同是相对于有效合同而言的，是指合同虽然成立，但因其违反法律、行政法规、社会公共利益，被确认为无效。可见，无效合同是已经成立的合同，是欠缺生效要件，不具有法律约束力的合同，不受国家法律保护。无效合同自合同成立时起不具有法律的约束力，以后也不能转化为有效合同。无论当事人已经履行，或者已经履行完毕，都不能改变合同无效的状态。合同无效是对当事人意思自治原则的彻底否认，具有违法性、不履行性。《合同法》第52条列举方式规定了在五种情形下可导致合同无效，其中第（5）项"违反法律、行政法规的强制性规定"，在审判实务界，长期以来确定的基本原则就是违反该项规定的合同一般认定为无效，成为在司法实践中扼杀大量"无效合同"的依据。在市场经济背景下，本着鼓励交易尊重当事人意思自治原则的精神，防止国家法律对民事合同的过多干预。2009年2月，最高人民法院审议通过了《最高人民法院关于适用〈中华人民共和国合同法〉若干问题的解释（二）》，该司法解释第14条明确规定，《合同法》第52条第（5）项规定的"强制性规定"，是指效力性强制性规定。因此按照2009年的司法解释，《合同法》第52条的第（5）项应表述为"违反法律、行政法规的效力性的强制性规定"时合同无效。最高人民法院的目的就是想进一步减少合同无效的情形，但遗憾的是，这个合同法的解释中，未明确何谓"效力性强制性规定"，也没有指出"效力性强制性规定"与"管理型强制性规定"之间的区别。

王利明教授从合同行为所侵害的利益主体角度，对效力性规范和（取缔性规范）管理性规范进行区分❶：第一，法律、法规明确规定违反强制性规定将导致合同无效或者不成立的，该规定属于效力性规定。第二，法律、法规虽然没有明确规定违反强制性规定将导致合同无效或者不成立的，但违反该规定以后若使合同继续有效将损害国家利益和社会公共利益，也应当认定该规范为效力性规范。第三，法律、法规没有明确规定违反强制性规定将导致合同无效或者不成立，违反该规定以后若合同继续有效并不损害国家利益和社会公共利益，而只是损害当事人的利益，该规范就不属于效力性规范，而是取缔规范。❷ 效力性强制性规范着重强调对违反行为的事实行为价值的评价，而管理性强制性规范着重强调对违反行为的事实行为价值的评价。对前者的违反将导致合同无效，但是对后者违反则不会导致合同无效。

---

❶ 此处王利明教授所言的"取缔性规范"即本书所谈到的"管理性规范"，只是表述有所不同。

❷ 王利明．关于无效合同确定的若干问题［J］．法制与社会发展，2002（5）．

效力性强制性规范是指，法律和行政法规明确规定违反了这些规范将导致合同无效；或者是虽然法律和行政法规没有明确规定违反这些规范将导致合同无效，但是违反这些规范后，如果继续履行合同，将导致损害国家利益或者社会公共利益的规范。简而言之，法律明文规定违反将导致合同无效，或者是继续履行将损害国家利益和社会公共利益的规范即为效力性强制性规范。

管理性强制性规范和效力性强制性规范相对应，是指法律和行政法规没有明确规定违反此类规范将导致合同无效，而且违反此类规范后，如果使合同继续有效并且履行，并不损害国家利益和社会公共利益，而只是损害当事人的利益的规范。简而言之，法律未明确违反将导致合同无效，但会损害当事人的利益的规范为管理性强制性规范。但是在某些情况下，严格区分某一合同行为侵犯的是国家利益、社会公共利益还是当事人利益并不是一件容易的事情。2009年7月7日，最高人民法院出台《最高人民法院关于当前形势下审理民商事合同纠纷案件若干问题的指导意见》，在第五项"正确适用强制性规定，稳妥认定民商事合同效力"下设定了两个条文，对效力性强制性规范进一步进行界定：其第15条规定"正确理解、识别和适用《合同法》第五十二条第（五）项中的'违反法律、行政法规的强制性规定'，关系到民商事合同的效力维护以及市场交易的安全和稳定。人民法院应当注意根据《合同法解释（二）》第十四条之规定，注意区分效力性强制规定和管理性强制规定。违反效力性强制规定的，人民法院应当认定合同无效；违反管理性强制规定的，人民法院应当根据具体情形认定其效力。"其16条规定"人民法院应当综合法律法规的意旨，权衡相互冲突的权益，诸如权益的种类、交易安全以及其所规制的对象等，综合认定强制性规定的类型。如果强制性规范规制的是合同行为本身，即只要该合同行为发生即绝对地损害国家利益或者社会公共利益的，人民法院应当认定合同无效。如果强制性规定规制的是当事人的'市场准入'资格而非某种类型的合同行为，或者规制的是某种合同的履行行为而非某类合同行为，人民法院对于此类合同效力的认定，应当慎重把握，必要时应当征求相关立法部门的意见或者请示上级人民法院。"最高人民法院的这个指导意见对于如何判定效力性强制性规范和管理性强制性规范具有重要的参考价值，第一，法律、法规明确规定违反强制性规定将导致合同无效的，则该规范为效力性强制性规范；第二，法律、法规虽然没有明确规定违反此类规范将导致合同无效，但违反该规范后合同继续有效和履行将导致国家利益和社会公共利益受损，则此类规范为效力性强制性规范，反之只是损害当事人利益的则为管理性强制性规范；第三，如果规范禁止的是合同行为本身，即只要该合同行为发生将绝对的损害国家利益或者社会公共利益的，该规范为效力性强制性规范；第四，如果规范禁止的并非某种类型的合同行为，只是与当事人的"市场准入"资格有关，即禁止的是进入市场的当事人的资质或者是手段的规范，该规范为管理性强制性规范；第五，如果规范禁止的是某种合同的履行行为而不是某类合同行为，即规范禁止的对象不是行为效果，禁止的只是行为的外部条件，即该规范的本意不在于禁止行为效果的发生，而在于禁止行为方式，则这类规范为管理性强制性规范。

2.《土地管理法》第63条的规定不属于效力性强制性规范

《土地管理法》第63条是限制集体建设用地使用权流转的法律规范，规定农民集体所有的土地使用权不得出让、转让或者出租用于非农业建设；但是符合土地利用总体规划并依法取得建设用地的企业，因破产、兼并等情形致土地使用权依法发生转移的除外。

第一，该规范并未直接规定违反此规范将导致流转集体建设用地使用权的合同无效，即不符合法律法规明确规定违反该强制性规定将导致合同无效情形，此规范不是效力性强制性规范。

第二，履行流转集体建设用地使用权的合同并不会损害国家利益和社会公共利益。因为流转的客体限定为已经取得建设用地资格的农村集体建设用地，而非农业用地，一方面不会损害国家18亿亩耕地红线，不会危及中国粮食生产；另一方面允许集体建设用地使用权流转并未排斥国家对农村土地的征用，当国家因公共利益需要征用农村土地时，已经流转的集体建设用地使用权可以成为征收的对象。流转集体建设用地使用权非但不会损害国家利益和社会公共利益，反而有利于促进中国国民经济的发展。

中国是一个拥有8亿农民的农业大国，农村的发展直接影响到全国经济发展和政治稳定。"三农"问题是关系到我国改革开放和现代化建设全局性的根本问题，但集聚到农地法律制度层面，其实，最重要的不是农村与农业问题，而是农民问题——人的问题，可以说，在法律意义上解放农民，才有可能化解困扰农村经济发展的难题。❶农民所拥有的就是对农地的使用权，农地使用权是农民创收和融资的重要资源，如果禁止农民集体经济组织将集体建设用地使用权流转，无疑切断了农民进入市场经济的途径，导致农村集体建设用地土地利用的低效率；农民集体经济组织作为集体建设用地的所有权人，却不能行使所有权人的权利，不能支配对集体建设用地的使用、收益权，这也不符合我国《物权法》的立法精神。而允许集体建设用地使用权进入市场，有利于上述问题的解决，促进农村和城市土地市场的规范化，有利于农民以土地权利参与工业化和城市化进程，从而搞活农村经济，从根本上解决"三农"问题。从长远讲，集体建设用地使用权流转有利于保护国家利益和社会公共利益。只要国家从宏观上控制土地利用总体规划、城市总体规划和城镇建设规划，微观上加强对集体建设用地使用权流转后的用地用途进行监管，并不会导致集体建设用地使用权流转市场的无序化。

第三，从该强制性规范的但书可见，该规范是允许某些主体在某些特殊情形下可以流转集体建设用地使用，只不过仅限于破产或者兼并的企业这些民事主体，因此可见该规范禁止的并非某种类型的合同行为，只是有关当事人的"市场准入"资格，禁止的是集体建设用地使用权流转的当事人的资质，即禁止非破产、兼并的企业或者是其他组织和个人等民事主体流转集体建设用地使用权。

第四，该规范并非禁止集体建设用地使用权的流转行为，而是禁止流转行为的外部条件，即规范的本意并不在于禁止流转行为效果的发生，而在于禁止流转行为的方式，即只有企业破产或者兼并等行为方式才可以致

---

❶ 陈小君.农村土地法律制度研究——田野调查解读［M］.北京：中国政法大学出版社，2004：序言.

集体建设用地使用权流转，另外结合《物权法》第 183 条规定，允许乡镇、村企业的厂房等建筑物抵押，从其占用范围内的集体建设用地使用权一并抵押的规定也不难得出这个结论。

3. 集体建设用地使用权不同租赁行为的效力

如上文所述，集体建设用地使用权租赁合同存在不同的类型，这些类型的合同中有部分违反《土地管理法》第 63 条的管理性强制性规范，有部分则违反了相关法律的效力性强制性规范。

第一，集体土地所有权人或者使用权人将农业用地以建设用地的形式出租的合同无效。此类合同流转的客体违反了国家效力性强制性规范。《土地管理法》第 4 条明确了国家实行土地用途管制制度。国家编制土地利用总体规划，严格限制农用地转为建设用地，控制建设用地总量，对耕地实行特殊保护；第 44 条规定建设占用土地，涉及农用地转为建设用地的，应当办理农用地转用审批手续。集体土地所有权人这种出租农地的形式，实际上以出租集体建设用地使用权的"合法形式"掩盖了出租农业土地的"非法目的"，符合《合同法》第 52 条第（3）项，以合法形式掩盖非法目的，因此这种出租农业土地的合同无效。

第二，集体土地所有权人或者使用权人出租集体建设用地使用权从事非商业性房地产开发的合同有效。集体土地所有权人或者使用权人将已经划为集体建设用地的土地出租的，只要不改变集体土地的建设用途，虽然是对《土地管理法》第 63 条的违反，但此条的规定只是管理性的强制性规范，对管理性强制性规范的违反并不会导致民商事行为的无效。但若将集体建设用地使用权出租后，承租人擅自改变集体建设用地的用途，从事商业性的房地产开发的，则租赁合同无效。因为根据《物权法》规定，如果允许在集体建设用地上兴建商业性房地产，则建成的商品房可以在市场上自由买卖，我国实行"房地一体主义"，当这些商业性的住宅出售时会导致占用范围内的建设用地随之转移，这已从本质上改变了集体建设用地的所有权主体，从而威胁到集体经济组织对建设用地的所有权。

在追求对土地资源最大利用化的市场经济背景下，适度放开集体建设用地使用权不是对国家强制性法律规定的违反，只要加强国家对集体建设用地市场的宏观监控，集体建设用地使用权的租赁等流转形式将有利于实现国家建设用地和集体建设用地市场的统一化，实现城乡化一体发展，从根本上解决"三农"问题。

参考文献

一、中文文献

（一）专著类

[1] [德] 罗尔夫·克尼佩尔. 法律与历史——论《德国民法典》的形成与变迁 [M]. 朱岩, 译. 北京: 法律出版社, 2012.

[2] [德] 曼弗雷德·沃尔夫. 物权法 [M]. 吴越, 李大雪, 译. 北京: 法律出版社, 2004.

[3] [美] 本杰明·卡多佐. 司法过程的性质 [M]. 苏力, 译. 北京: 商务印书馆, 1998.

[4] [美] 罗伯特·考特, 托马斯·尤伦. 法和经济学（第6版）[M]. 史晋川, 董雪兵, 等译. 上海: 格致出版社, 2012.

[5] [美] D.C. 诺思. 经济史中的结构与变迁 [M]. 陈郁, 译. 上海: 上海三联书店, 上海人民出版社, 1994.

[6] [英] 马尔科姆·卢瑟福. 经济学中的制度：老制度主义和新制度主义 [M]. 陈建波, 郁仲莉, 译. 北京: 社会科学文献出版社, 1999.

[7] [英] F.H. 劳森, B. 拉登. 财产法（第二版）[M]. 施天涛, 等译. 北京: 中国大百科全书出版社, 1998.

[8] [美] 理查德·A. 波斯纳. 法律的经济分析（上）[M]. 蒋兆康, 译. 林毅夫, 校. 北京: 中国大百科全书出版社, 1997.

[9] [美] Y. 巴泽尔. 产权的经济分析 [M]. 费方域, 段毅才, 译. 上海: 上海三联书店, 上海人民出版社, 1997.

［10］［美］哈耶克. 法律，立法与自由：第二卷，第三卷［M］. 邓正来，张守东，李静冰，译. 北京：中国大百科全书出版社，2000.

［11］［意］彼得罗·彭梵德. 罗马法教科书［M］. 黄风，译. 北京：中国政法大学出版社，2018.

［12］［法］弗朗索瓦·泰雷，菲利普·森勒尔. 法国财产法（下册）［M］. 罗结珍，译. 北京：中国法制出版社，2008.

［13］［德］卡尔·拉伦茨. 德国民法通论［M］. 王晓晔，等译. 北京：法律出版社，2013.

［14］江平. 中国土地立法研究［M］. 北京：中国政法大学出版社，1999.

［15］陈小君，高飞，耿卓，等. 农村土地法律制度的现实考察与研究：中国十省调研报告书［M］. 北京：法律出版社，2010.

［16］高富平. 土地使用权和用益物权——我国不动产物权体系研究［M］. 北京：法律出版社，2001.

［17］毕宝德. 土地经济学［M］. 北京：中国人民大学出版社，2016.

［18］中共中央马克思恩格斯列宁斯大林著作编译局编译. 马克思恩格斯选集：第2卷［M］. 北京：人民出版社，2018.

［19］余能斌. 现代物权法专论［M］. 北京：法律出版社，2002.

［20］梁慧星. 民法解释学［M］. 北京：法律出版社，2015.

［21］梁慧星. 中国民法典草案建议稿附理由：物权编［M］. 北京：法律出版社，2013.

［22］马俊驹，余延满. 民法原论［M］. 北京：法律出版社，2015.

［23］王卫国，王广华. 中国土地权利指南［M］. 北京：中国政法大学出版社，2001.

［24］王卫国. 中国土地权利研究［M］. 北京：中国政法大学出版社，1997.

［25］王利明. 物权法研究（第4版）［M］. 北京：中国人民大学出版社，2016.

［26］余能斌. 现代物权法专论［M］. 北京：法律出版社，2002.

［27］崔建远. 物权：规范与学说——以中国物权法的解释论为中心［M］. 北京：清华大学出版社，2011.

［28］陈小君. 农村土地法律制度研究——田野调查解读［M］. 北京：中国政法大学出版社，2004.

［29］高飞. 集体土地所有权主体制度研究（第2版）［M］. 北京：中国政法大学出版社，2017.

［30］陈小君，王景新，石佑启，等. 农村土地问题立法研究［M］. 北京：经济科学出版社，2012.

［31］陈华彬. 外国物权法［M］. 北京：法律出版社，2004.

［32］屈茂辉. 用益物权制度研究［M］. 北京：中国方正出版社，2005.

［33］谢在全. 民法物权论［M］. 北京：中国政法大学出版社，2011.

［34］高圣平. 中国土地法制的现代化——以土地管理法的修改为中心［M］. 北京：法律出版社，2014.

［35］周相. 罗马法原论［M］. 北京：商务印书馆，2014.

［36］刘得宽. 民法诸问题与新展望［M］. 北京：中国政法大学出版社，2002.

［37］钱忠好. 中国农村土地制度变迁和创新研究（Ⅴ）［M］. 北京：中国农业出版社，2018.

［38］郭洁. 土地所有权一体保护立法研究［M］. 北京：知识产权出版社，2011.

［39］华生. 新土改——土地制度改革焦点难点辨析［M］. 北京：东方出版社，2015.

［40］贺雪峰. 地权的逻辑Ⅱ——地权变革的真相与谬误［M］. 北京：东方出版社，2013.

［41］王泽鉴. 民法物权（第2版）［M］. 北京：北京大学出版社，2010.

［42］杨立新. 民商法理论争议问题——用益物权［M］. 北京：中国人民大学出版社，2007.

[43] 蒋省三，刘守英，李青. 中国土地政策改革——政策演进与地方实施 [M]. 上海：上海三联书店出版社，2010.

[44] 苏永钦. 寻找新民法 [M]. 北京：北京大学出版社，2012.

[45] 孙宪忠. 争议与思考——物权立法笔记 [M]. 北京：中国人民大学出版社，2006.

[46] 史尚宽. 物权法论 [M]. 北京：中国政法大学出版社，2000.

[47] 郑玉波. 民法物权（修订十七版）[M]. 台北：三民书局，2010.

[48] 周枏. 罗马法提要 [M]. 北京：北京大学出版社，2008.

[49] [美] 道格拉斯·C. 诺斯. 制度、制度变迁与经济绩效 [M]. 上海：格致出版社，上海三联书店，上海人民出版社，2014.

[50] 张五常. 佃农理论——应用于亚洲的农业和台湾的土地改革 [M]. 北京：商务印书馆，2001.

[51] [美] 罗纳德·H. 科斯，阿曼·阿尔钦，道格拉斯·C. 诺斯. 财产权利与制度变迁 [M]. 上海：格致出版社，上海三联书店，上海人民出版社，2014.

[52] 宋志红. 中国农村土地制度改革研究：思路、难点与制度建设 [M]. 北京：中国人民大学出版社，2017.

[53] 吕世辰. 农村土地流转制度下的农民社会保障 [M]. 北京：社会科学文献出版社，2012.

[54] 许恒周. 农民阶层分化、产权偏好与农村土地流转研究 [M]. 北京：经济科学出版社，2012.

[55] 陈成文. 农村土地流转一个阶层分析的视角 [M]. 北京：人民出版社，2012.

[56] 王小莹. 我国农村土地流转法律制度研究 [M]. 北京：法律出版社，2012.

[57] 李伟. 集体所有制下的产权重构 [M]. 北京：中国发展出版社，2015.

[58] 胡康生. 中华人民共和国农村土地承包法释义 [M]. 北京：法

律出版社，2002.

［59］法国民法典［M］．李浩培，吴传颐，孙鸣岗，译．北京：商务印书馆，2009.

［60］意大利民法典［M］．陈国柱，译．北京：中国人民大学出版社，2010.

［61］俄罗斯联邦民法典［M］．黄道秀，译．北京：北京大学出版社，2007.

［62］越南社会主义共和国民法典［M］．吴远富，译．厦门：厦门大学出版社，2007.

［63］德国民法典［M］．陈卫佐，译．北京：法律出版社，2015.

［64］最新日本民法［M］．渠涛，译．北京：法律出版社，2006.

［65］魁北克民法典［M］．孙建江，郭站红，朱亚芬，译．北京：中国人民大学出版社，2005.

（二）中文报刊

［1］王利明，周友军．论我国农村土地权利制度的完善［J］．中国法学，2012（1）．

［2］赵万一，汪青松．土地承包经营权的功能转型及权能实现载体［J］．法学研究，2014（1）．

［3］陶钟太朗，杨遂全．农村土地经营权认知与物权塑造［J］．南京农业大学学报（社会科学版），2015（2）．

［4］马俊驹，陈小君．中国城市化与农村土地财产权的变革［J］．私法研究，2014（15）．

［5］李忠夏．农村土地流转的合宪性分析［J］．中国法学，2015（4）．

［6］陈小君．我国农民集体成员权的立法选择［J］．清华法学，2017（2）．

［7］温世扬．农村土地法律制度改革再出发——聚焦《中共中央关于全面深化改革若干重大问题的决定》［J］．法商研究，2014（2）．

［8］温世扬，吴昊．集体土地"三权分置"的法律意蕴与制度供给

[J].华东政法大学学报,2017(3).

[9] 孙宪忠.推进农地三权分置的经营模式的立法研究[J].中国社会科学,2016(7).

[10] 李国强.论农地流转中三权分置的法律关系[J].法律科学,2015(6).

[11] 陈小君,韩松,房绍坤.深化农村土地制度改革的法律解读[J].法学家,2014(2).

[12] 刘凯湘.论农村土地承包经营权的可继承性[J].北方法学,2014(3).

[13] 韩松.新农村建设中土地流转的现实问题及其对策[J].中国法学,2012(1).

[14] 王利明.抵押财产转让的法律规制[J].法学,2014(1).

[15] 胡建.农村土地抵押的运行实践与制度完善[J].重庆大学学报(社会科学版),2015(2).

[16] 郑尚元.宅基地使用权性质及农民居住权利之保障[J].中国法学,2014(2).

[17] 高飞.农村土地三权分置的法理阐释与制度意蕴[J].法学研究,2016(3).

[18] 韩松,论农民集体组织土地所有权的受益权能[J].当代法学,2014(1).

[19] 童列春.论中国农地集体所有权[J].农业经济问题,2014(10).

[20] 高飞.土地承包权与土地经营权分设的法律反思及立法回应——兼评《农村土地承包法修正案(草案)》[J].法商研究,2018(3).

[21] 宁吉喆."三农"发展举世瞩目,乡村振兴任重道远——第三次全国农业普查结果显示"三农"发生历史性变革[N].人民日报,2017-12-15(10).

[22] 张乃贵.完善"一户一宅"的"余江样板"——江西省余江县

宅基地制度改革的启示与建议 [J]. 中国土地, 2017 (11).

[23] 宋志红. 宅基地使用权流转的困境与出路 [J]. 中国土地科学, 2016 (5).

[24] 刘振伟. 关于《中华人民共和国农村土地承包法修正案（草案）》的说明 [J]. 农村经营管理, 2017 (11).

[25] 冯华, 陈仁泽. 农村土地制度改革, 底线不能突破（权威解读·学习贯彻十八届三中全会精神）——专访中央农村工作领导小组组长、办公室主任陈锡文 [N]. 人民日报, 2013-12-05 (2).

[26] 耿卓. 农民土地财产权保护的观念转变及其立法回应——以农村集体经济有效实现为视角 [J]. 法学研究, 2014 (5).

[27] 高圣平. 新型农业经营体系下农地产权结构的法律逻辑 [J]. 法学研究, 2014 (4).

[28] 李俊. 罗马法上的永久租赁及其双重影响 [J]. 环球法律评论, 2017 (4).

[29] 韩松. 我国物权立法中规定集体所有权的思考 [J]. 法学杂志, 2005 (4).

[30] 王权典. 我国农地所有权的法律剖析 [J]. 南京农业大学学报（社会科学版）, 2005 (2).

[31] 陈柏峰. 土地发展权的理论基础与制度前景 [J]. 法学研究, 2012 (4).

[32] 蔡立东, 姜楠. 农地三权分置的法实现 [J]. 中国社会科学, 2017 (5).

[33] 孙宪忠. 推进农地三权分置经营模式的立法研究 [J]. 中国社会科学, 2016 (7).

[34] 焦长权, 周飞舟. "资本下乡"与村庄的再造 [J]. 中国社会科学, 2016 (1).

[35] 周飞舟, 王绍琛. 农民上楼与资本下乡：城镇化的社会学研究 [J]. 中国社会科学, 2015 (1).

[36] 高圣平. 农地金融化的法律困境及出路 [J]. 中国社会科学,

2014（8）.

［37］韩松.论农民集体土地所有权的管理权能［J］.中国法学，2016（2）.

［38］朱虎.物权法自治性观念的变迁［J］.法学研究，2013（1）.

［39］张千帆.农村集体土地所有的困惑与消解［J］.法学研究，2012（4）.

［40］方新军.权利客体的概念及层次［J］.法学研究，2010（2）.

［41］常鹏翱.民法中的物［J］.法学研究，2008（2）.

［42］丁文.论土地承包权与土地承包经营权的分离［J］.中国法学，2015（3）.

［43］李国强.论农地流转中"三权分置"的法律关系［J］.法律科学，2015（6）.

［44］宋宗宇，何贞斌，陈舟.农村土地经营权的确定化及其制度构建［J］.农村经济，2015（7）.

［45］朱广新.土地承包权与经营权分离的政策意蕴与法制完善［J］.法学，2015（11）.

［46］高海.论农用地"三权分置"中经营权的法律性质［J］.法学家，2016（4）.

［47］吴义龙."三权分置"论的法律逻辑、政策阐释及制度替代［J］.法学家，2016（4）.

［48］房绍坤.论土地承包经营权抵押的制度构建［J］.法学家，2014（2）.

［49］高圣平.承包土地的经营权抵押规则之构建——兼评重庆城乡统筹综合配套改革试点模式［J］.法商研究，2016（1）.

［50］刘守英.中共十八届三中全会后的土地制度改革及其实施［J］.法商研究，2104（2）.

［51］焦富民."三权分置"视域下承包土地的经营权抵押制度之构建［J］.政法论坛，2016（5）.

［52］单平基."三权分置"理论反思与土地承包经营权困境的解决路

径[J]. 法学, 2016 (9).

[53] 朱广新. 土地承包权与经营权分离的政策意蕴与法制完善[J]. 法学, 2015 (11).

[54] 陆剑. "二轮"承包背景下土地承包经营权制度的异化及其回归[J]. 法学, 2014 (3).

[55] 李凤章. 从公私合一到公私分离——论集体土地所有权的使用权化[J]. 环球法律评论, 2015 (3).

[56] 申惠文. 农地三权分离改革的法学反思与批判[J]. 河北法学, 2015 (4).

[57] 朱继胜. "三权分置"下土地经营权的物权塑造[J]. 北方法学, 2017 (2).

[58] 郭明瑞. 也谈农村土地承包经营权的继承问题——兼与刘保玉教授商榷[J]. 北方法学, 2014 (2).

[59] 刘凯湘. 论农村土地承包经营权的可继承性[J]. 法学, 2014 (2).

[60] 陶钟太朗, 杨环. 农地"三权分置"实质探讨——寻求政策在法律上的妥适表达[J]. 中国土地科学, 2017 (1).

[61] 申惠文. 法学视角中的农村土地三权分离改革[J]. 中国土地科学, 2015 (3).

[62] 高富平. 农地"三权分置"改革的法理解析及制度意义[J]. 社会科学辑刊, 2016 (5).

[63] 高海. 土地承包经营权"两权分离"的论争与立法回应[J]. 武汉大学学报（哲学社会科学版）, 2016 (5).

[64] 李国强. 时代变迁与物权客体的重新界定[J]. 北京师范大学学报（社会科学版）, 2011 (1).

[65] 陶钟太朗, 杨遂全. 农村土地经营权认知与物权塑造——从既有法制到未来立法[J]. 南京农业大学学报（社会科学版）, 2015 (2).

[66] 王崇敏. 我国农村宅基地使用权取得制度的现代化构建[J]. 当代法学, 2012 (5).

[67] 汤文平. 宅基地上私权处分的路径设计 [J]. 北方法学, 2010 (6).

[68] 郭明瑞. 关于宅基地使用权的立法建议 [J]. 法学论坛, 2007 (1).

[69] 李仁玉, 徐式媛. 房屋抵押权实现中的权利冲突及解决 [J]. 法学杂志, 2008 (3).

[70] 梁亚荣. 集体建设用地使用制度改革的价值取向研究 [J]. 河南财经政法大学学报, 2013 (6).

[71] 宋才发. 农村集体建设节约集约用地的法律探讨 [J]. 河北法学, 2010 (6).

[72] 李开国. 我国农民集体所有建设用地使用权制度改进论 [J]. 西南民族大学学报（人文社科版）, 2008 (3).

[73] 汪洋. 罗马共和国早期土地立法研究 [J]. 华东政法大学学报, 2012 (2).

[74] 于霄. 英国土地登记改革与地产权结构转变 [J]. 华东政法大学学报, 2012 (5).

(三) 学位论文类

[1] 姜楠. 农地三权分置制度法律问题研究 [D]. 长春：吉林大学, 2017.

[2] 晋伟. 中国特色农村土地流转问题研究 [D]. 长春：吉林大学, 2017.

[3] 杜志勇. 农村土地三权分置法律问题研究 [D]. 郑州：郑州大学, 2016.

[4] 汪姝邑. 论"三权分置"背景下农地经营权流转的利益冲突与协调 [D]. 重庆：西南政法大学, 2016.

二、外文文献

[1] HARTMANN T, NEEDHAM B. Planning by Law and Property Rights

Reconsidered [M]. Aldershot Ashgate Publishing Limited, 2012.

[2] WATKINS C. The Principles of Conveyancing [M]. London: Saunders and Benning, 1838.

[3] CURRIE J M. Economy of Agricultural Land Tenure [M]. Cambridge: Cambridge U. P, 1981.

[4] ADKIN B W. Copyhold and Other Land Tenures of England [M]. London: The Estates Gazette, 1919.

[5] LATRUFFE L, PIET L. "Does land fragmentation affect farm performance? A Case Study from Brittany, France" [J]. Agricultural Systems, 2014 (129).

[6] LYTTELTON G L. The history of the life of King Henry the Second, Volume II [M]. Dubl in: George Faulkner, 1768.

[7] FERGUSSON L. The political economy of rural property rights and the persistence of the dual economy, Fifth edition [M]. New York: Journal of Development Economics, 2013.

[8] TOFT K. Are land deals unethical, Fourth edition [M]. London: Journal of Agricultural and Environmental Ethics, 2013.

附录1 中共中央办公厅 国务院办公厅关于完善农村土地所有权承包权经营权分置办法的意见

为进一步健全农村土地产权制度，推动新型工业化、信息化、城镇化、农业现代化同步发展，现就完善农村土地所有权、承包权、经营权分置（以下简称"三权分置"）办法提出以下意见。

一、重要意义

改革开放之初，在农村实行家庭联产承包责任制，将土地所有权和承包经营权分设，所有权归集体，承包经营权归农户，极大地调动了亿万农民积极性，有效解决了温饱问题，农村改革取得重大成果。现阶段深化农村土地制度改革，顺应农民保留土地承包权、流转土地经营权的意愿，将土地承包经营权分为承包权和经营权，实行所有权、承包权、经营权（以下简称"三权"）分置并行，着力推进农业现代化，是继家庭联产承包责任制后农村改革又一重大制度创新。"三权分置"是农村基本经营制度的自我完善，符合生产关系适应生产力发展的客观规律，展现了农村基本经营制度的持久活力，有利于明晰土地产权关系，更好地维护农民集体、承包农户、经营主体的权益；有利于促进土地资源合理利用，构建新型农业经营体系，发展多种形式适度规模经营，提高土地产出率、劳动生产率和资源利用率，推动现代农业发展。各地区各有关部门要充分认识"三权分置"的重要意义，妥善处理"三权"的相互关系，正确运用"三权分置"理论指导改革实践，不断探索和丰富"三权分置"的具体实现形式。

二、总体要求

（一）指导思想

全面贯彻党的十八大和十八届三中、四中、五中全会精神，深入学习贯彻习近平总书记系列重要讲话精神，紧紧围绕统筹推进"五位一体"总体布局和协调推进"四个全面"战略布局，牢固树立新发展理念，认真落实党中央、国务院决策部署，围绕正确处理农民和土地关系这一改革主线，科学界定"三权"内涵、权利边界及相互关系，逐步建立规范高效的"三权"运行机制，不断健全归属清晰、权能完整、流转顺畅、保护严格的农村土地产权制度，优化土地资源配置，培育新型经营主体，促进适度规模经营发展，进一步巩固和完善农村基本经营制度，为发展现代农业、增加农民收入、建设社会主义新农村提供坚实保障。

（二）基本原则

——尊重农民意愿。坚持农民主体地位，维护农民合法权益，把选择权交给农民，发挥其主动性和创造性，加强示范引导，不搞强迫命令、不搞一刀切。

——守住政策底线。坚持和完善农村基本经营制度，坚持农村集体土地所有，坚持家庭经营基础性地位，坚持稳定土地承包关系，不能把农村集体土地所有制改垮了，不能把耕地改少了，不能把粮食生产能力改弱了，不能把农民利益损害了。

——坚持循序渐进。充分认识农村土地制度改革的长期性和复杂性，保持足够历史耐心，审慎稳妥推进改革，由点及面开展，不操之过急，逐步将实践经验上升为制度安排。

——坚持因地制宜。充分考虑各地资源禀赋和经济社会发展差异，鼓励进行符合实际的实践探索和制度创新，总结形成适合不同地区的"三权分置"具体路径和办法。

三、逐步形成"三权分置"格局

完善"三权分置"办法，不断探索农村集体土地所有制的有效实现形式，落实集体所有权，稳定农户承包权，放活土地经营权，充分发挥"三权"的各自功能和整体效用，形成层次分明、结构合理、平等保护的格局。

（一）始终坚持农村集体土地所有权的根本地位

农村土地农民集体所有，是农村基本经营制度的根本，必须得到充分体现和保障，不能虚置。集体土地所有权人对集体土地依法享有占有、使用、收益和处分的权利。农民集体是集体土地所有权的权利主体，在完善"三权分置"办法过程中，要充分维护农民集体对承包地发包、调整、监督、收回等各项权能，发挥集体土地所有的优势和作用。农民集体有权依法发包集体土地，任何组织和个人不得非法干预；有权因自然灾害严重毁损等特殊情形依法调整承包地；有权对承包农户和经营主体使用承包地进行监督，并采取措施防止和纠正长期抛荒、毁损土地、非法改变土地用途等行为。承包农户转让土地承包权的，应在本集体经济组织内进行，并经农民集体同意；流转土地经营权的，须向农民集体书面备案。集体土地被征收的，农民集体有权就征地补偿安置方案等提出意见并依法获得补偿。通过建立健全集体经济组织民主议事机制，切实保障集体成员的知情权、决策权、监督权，确保农民集体有效行使集体土地所有权，防止少数人私相授受、谋取私利。

（二）严格保护农户承包权

农户享有土地承包权是农村基本经营制度的基础，要稳定现有土地承包关系并保持长久不变。土地承包权人对承包土地依法享有占有、使用和收益的权利。农村集体土地由作为本集体经济组织成员的农民家庭承包，不论经营权如何流转，集体土地承包权都属于农民家庭。任何组织和个人都不能取代农民家庭的土地承包地位，都不能非法剥夺和限制农户的土地承包权。在完善"三权分置"办法过程中，要充分维护承包农户使用、流转、抵押、退出承包地等各项权能。承包农户有权占有、使用承包地，依法依规建设必要的农业生产、附属、配套设施，自主组织生产经营和处置产品并获得收益；有权通过转让、互换、出租（转包）、入股或其他方式流转承包地并获得收益，任何组织和个人不得强迫或限制其流转土地；有权依法依规就承包土地经营权设定抵押、自愿有偿退出承包地，具备条件的可以因保护承包地获得相关补贴。承包土地被征收的，承包农户有权依法获得相应补偿，符合条件的有权获得社会保障费用等。不得违法调整农户承包地，不得以退出土地承包权作为农民进城落户的条件。

（三）加快放活土地经营权

赋予经营主体更有保障的土地经营权，是完善农村基本经营制度的关键。土地经营权人对流转土地依法享有在一定期限内占有、耕作并取得相应收益的权利。在依法保护集体所有权和农户承包权的前提下，平等保护经营主体依流转合同取得的土地经营权，保障其有稳定的经营预期。在完善"三权分置"办法过程中，要依法维护经营主体从事农业生产所需的各项权利，使土地资源得到更有效合理的利用。经营主体有权使用流转土地自主从事农业生产经营并获得相应收益，经承包农户同意，可依法依规改良土壤、提升地力，建设农业生产、附属、配套设施，并依照流转合同约定获得合理补偿；有权在流转合同到期后按照同等条件优先续租承包土地。经营主体再流转土地经营权或依法依规设定抵押，须经承包农户或其委托代理人书面同意，并向农民集体书面备案。流转土地被征收的，地上附着物及青苗补偿费应按照流转合同约定确定其归属。承包农户流转出土地经营权的，不应妨碍经营主体行使合法权利。加强对土地经营权的保护，引导土地经营权流向种田能手和新型经营主体。支持新型经营主体提升地力、改善农业生产条件、依法依规开展土地经营权抵押融资。鼓励采用土地股份合作、土地托管、代耕代种等多种经营方式，探索更多放活土地经营权的有效途径。

（四）逐步完善"三权"关系

农村集体土地所有权是土地承包权的前提，农户享有承包经营权是集体所有的具体实现形式，在土地流转中，农户承包经营权派生出土地经营权。支持在实践中积极探索农民集体依法依规行使集体所有权、监督承包农户和经营主体规范利用土地等的具体方式。鼓励在理论上深入研究农民集体和承包农户在承包土地上、承包农户和经营主体在土地流转中的权利边界及相互权利关系等问题。通过实践探索和理论创新,逐步完善"三权"关系,为实施"三权分置"提供有力支撑。

四、确保"三权分置"有序实施

完善"三权分置"办法涉及多方权益,是一个渐进过程和系统性工程,要坚持统筹谋划、稳步推进,确保"三权分置"有序实施。

(一)扎实做好农村土地确权登记颁证工作

确认"三权"权利主体,明确权利归属,稳定土地承包关系,才能确保"三权分置"得以确立和稳步实施。要坚持和完善土地用途管制制度,在集体土地所有权确权登记颁证工作基本完成的基础上,进一步完善相关政策,及时提供确权登记成果,切实保护好农民的集体土地权益。加快推进农村承包地确权登记颁证,形成承包合同网签管理系统,健全承包合同取得权利、登记记载权利、证书证明权利的确权登记制度。提倡通过流转合同鉴证、交易鉴证等多种方式对土地经营权予以确认,促进土地经营权功能更好实现。

(二)建立健全土地流转规范管理制度

规范土地经营权流转交易,因地制宜加强农村产权交易市场建设,逐步实现涉农县(市、区、旗)全覆盖。健全市场运行规范,提高服务水平,为流转双方提供信息发布、产权交易、法律咨询、权益评估、抵押融资等服务。加强流转合同管理,引导流转双方使用合同示范文本。完善工商资本租赁农地监管和风险防范机制,严格准入门槛,确保土地经营权规范有序流转,更好地与城镇化进程和农村劳动力转移规模相适应,与农业科技进步和生产手段改进程度相适应,与农业社会化服务水平相适应。加强农村土地承包经营纠纷调解仲裁体系建设,完善基层农村土地承包调解机制,妥善化解土地承包经营纠纷,有效维护各权利主体的合法权益。

(三)构建新型经营主体政策扶持体系

完善新型经营主体财政、信贷保险、用地、项目扶持等政策。积极创建示范家庭农场、农民专业合作社示范社、农业产业化示范基地、农业示范服务组织，加快培育新型经营主体。引导新型经营主体与承包农户建立紧密利益联结机制，带动普通农户分享农业规模经营收益。支持新型经营主体相互融合，鼓励家庭农场、农民专业合作社、农业产业化龙头企业等联合与合作，依法组建行业组织或联盟。依托现代农业人才支撑计划，健全新型职业农民培育制度。

（四）完善"三权分置"法律法规

积极开展土地承包权有偿退出、土地经营权抵押贷款、土地经营权入股农业产业化经营等试点，总结形成可推广、可复制的做法和经验，在此基础上完善法律制度。加快农村土地承包法等相关法律修订完善工作。认真研究农村集体经济组织、家庭农场发展等相关法律问题。研究健全农村土地经营权流转、抵押贷款和农村土地承包权退出等方面的具体办法。

实施"三权分置"是深化农村土地制度改革的重要举措。各地区各有关部门要认真贯彻本意见要求，研究制定具体落实措施。加大政策宣传力度，统一思想认识，加强干部培训，提高执行政策能力和水平。坚持问题导向，对实践中出现的新情况新问题要密切关注，及时总结，适时调整完善措施。加强工作指导，建立检查监督机制，督促各项任务稳步开展。农业部、中央农办要切实承担起牵头责任，健全沟通协调机制，及时向党中央、国务院报告工作进展情况。各相关部门要主动支持配合，形成工作合力，更好推动"三权分置"有序实施。

附录2 中共中央 国务院关于实施乡村振兴战略的意见

《中共中央 国务院关于实施乡村振兴战略的意见》是为了实施乡村振兴战略而制定的法规。2018年1月2日,《中共中央 国务院关于实施乡村振兴战略的意见》由中共中央、国务院发布,自2018年1月2日起实施。

中共中央 国务院关于实施乡村振兴战略的意见
（2018年1月2日）

实施乡村振兴战略,是党的十九大作出的重大决策部署,是决胜全面建成小康社会、全面建设社会主义现代化国家的重大历史任务,是新时代"三农"工作的总抓手。现就实施乡村振兴战略提出如下意见。

一、新时代实施乡村振兴战略的重大意义

党的十八大以来,在以习近平同志为核心的党中央坚强领导下,我们坚持把解决好"三农"问题作为全党工作重中之重,持续加大强农惠农富农政策力度,扎实推进农业现代化和新农村建设,全面深化农村改革,农业农村发展取得了历史性成就,为党和国家事业全面开创新局面提供了重要支撑。5年来,粮食生产能力跨上新台阶,农业供给侧结构性改革迈出新步伐,农民收入持续增长,农村民生全面改善,脱贫攻坚战取得决定性进展,农村生态文明建设显著加强,农民获得感显著提升,农村社会稳定和谐。农业农村

发展取得的重大成就和"三农"工作积累的丰富经验,为实施乡村振兴战略奠定了良好基础。

农业农村农民问题是关系国计民生的根本性问题。没有农业农村的现代化,就没有国家的现代化。当前,我国发展不平衡不充分问题在乡村最为突出,主要表现在:农产品阶段性供过于求和供给不足并存,农业供给质量亟待提高;农民适应生产力发展和市场竞争的能力不足,新型职业农民队伍建设亟需加强;农村基础设施和民生领域欠账较多,农村环境和生态问题比较突出,乡村发展整体水平亟待提升;国家支农体系相对薄弱,农村金融改革任务繁重,城乡之间要素合理流动机制亟待健全;农村基层党建存在薄弱环节,乡村治理体系和治理能力亟待强化。实施乡村振兴战略,是解决人民日益增长的美好生活需要和不平衡不充分的发展之间矛盾的必然要求,是实现"两个一百年"奋斗目标的必然要求,是实现全体人民共同富裕的必然要求。

在中国特色社会主义新时代,乡村是一个可以大有作为的广阔天地,迎来了难得的发展机遇。我们有党的领导的政治优势,有社会主义的制度优势,有亿万农民的创造精神,有强大的经济实力支撑,有历史悠久的农耕文明,有旺盛的市场需求,完全有条件有能力实施乡村振兴战略。必须立足国情农情,顺势而为,切实增强责任感使命感紧迫感,举全党全国全社会之力,以更大的决心、更明确的目标、更有力的举措,推动农业全面升级、农村全面进步、农民全面发展,谱写新时代乡村全面振兴新篇章。

二、实施乡村振兴战略的总体要求

(一) 指导思想

全面贯彻党的十九大精神,以习近平新时代中国特色社会主义思想为指导,加强党对"三农"工作的领导,坚持稳中求进工作总基调,牢固树立新发展理念,落实高质量发展的要求,紧紧围绕统筹推进"五位一体"总体布局和协调推进"四个全面"战略布局,坚持把解决好"三农"问题作为全党工作重中之重,坚持农业农村优先发展,按照产业兴旺、生态宜居、乡风文明、治理有效、生活富裕的总要求,建立健全城乡融合发展体制机制和政策体系，统筹推进农村经济建设、政治建设、文化建设、社会建设、生态文明建设和党的建设，加快推进乡村治理体系和治理能力现代化，加快推进农业农村现代化，走中国特色社会主义乡村振兴道路，让农业成为有奔头的产业，让农民成为有吸引力的职业，让农村成为安居乐业的美丽家园。

(二) 目标任务

按照党的十九大提出的决胜全面建成小康社会、分两个阶段实现第二个百年奋斗目标的战略安排，实施乡村振兴战略的目标任务是：

到2020年，乡村振兴取得重要进展，制度框架和政策体系基本形成。农业综合生产能力稳步提升，农业供给体系质量明显提高，农村一二三产业融合发展水平进一步提升；农民增收渠道进一步拓宽，城乡居民生活水平差距持续缩小；现行标准下农村贫困人口实现脱贫，贫困县全部摘帽，解决区域性整体贫困；农村基础设施建设深入推进，农村人居环境明显改善，美丽宜居乡村建设扎实推进；城乡基本公共服务均等化水平进一步提高，城乡融合发展体制机制初步建立；农村对人才吸引力逐步增强；农村生态环境明显好转，农业生态服务能力进一步提高；以党组织为核心的农村基层组织建设进一步加强，乡村治理体系进一步完善；党的农村工作领导体制机制进一步健全；各地区各部门推进乡村振兴的思路举措得以确立。

到2035年，乡村振兴取得决定性进展，农业农村现代化基本实现。农业结构得到根本性改善，农民就业质量显著提高，相对贫困进一步缓解，共同富裕迈出坚实步伐；城乡基本公共服务均等化基本实现，城乡融合发展体制机制更加完善；乡风文明达到新高度，乡村治理体系更加完善；农村生态环境根本好转，美丽宜居乡村基本实现。

到2050年，乡村全面振兴，农业强、农村美、农民富全面实现。

(三) 基本原则

——坚持党管农村工作。毫不动摇地坚持和加强党对农村工作的领导，健全党管农村工作领导体制机制和党内法规，确保党在农村工作中始终总揽全局、协调各方，为乡村振兴提供坚强有力的政治保障。

——坚持农业农村优先发展。把实现乡村振兴作为全党的共同意志、共同行动，做到认识统一、步调一致，在干部配备上优先考虑，在要素配置上优先满足，在资金投入上优先保障，在公共服务上优先安排，加快补齐农业农村短板。

——坚持农民主体地位。充分尊重农民意愿，切实发挥农民在乡村振兴中的主体作用，调动亿万农民的积极性、主动性、创造性，把维护农民群众根本利益、促进农民共同富裕作为出发点和落脚点，促进农民持续增收，不断提升农民的获得感、幸福感、安全感。

——坚持乡村全面振兴。准确把握乡村振兴的科学内涵，挖掘乡村多种功能和价值，统筹谋划农村经济建设、政治建设、文化建设、社会建设、生态文明建设和党的建设，注重协同性、关联性，整体部署，协调推进。

——坚持城乡融合发展。坚决破除体制机制弊端，使市场在资源配置中起决定性作用，更好发挥政府作用，推动城乡要素自由流动、平等交换，推动新型工业化、信息化、城镇化、农业现代化同步发展，加快形成工农互促、城乡互补、全面融合、共同繁荣的新型工农城乡关系。

——坚持人与自然和谐共生。牢固树立和践行绿水青山就是金山银山的理念，落实节约优先、保护优先、自然恢复为主的方针，统筹山水林田湖草系统治理，严守生态保护红线，以绿色发展引领乡村振兴。

——坚持因地制宜、循序渐进。科学把握乡村的差异性和发展走势分化特征，做好顶层设计，注重规划先行、突出重点、分类施策、典型引路。既尽力而为，又量力而行，不搞层层加码，不搞一刀切，不搞形式主义，久久为功，扎实推进。

三、提升农业发展质量，培育乡村发展新动能

乡村振兴，产业兴旺是重点。必须坚持质量兴农、绿色兴农，以农业供给侧结构性改革为主线，加快构建现代农业产业体系、生产体系、经营体系，提高农业创新力、竞争力和全要素生产率，加快实现由农业大国向农业强国转变。

（一）夯实农业生产能力基础

深入实施藏粮于地、藏粮于技战略，严守耕地红线，确保国家粮食安

全，把中国人的饭碗牢牢端在自己手中。全面落实永久基本农田特殊保护制度，加快划定和建设粮食生产功能区、重要农产品生产保护区，完善支持政策。大规模推进农村土地整治和高标准农田建设，稳步提升耕地质量，强化监督考核和地方政府责任。加强农田水利建设，提高抗旱防洪除涝能力。实施国家农业节水行动，加快灌区续建配套与现代化改造，推进小型农田水利设施达标提质，建设一批重大高效节水灌溉工程。加快建设国家农业科技创新体系，加强面向全行业的科技创新基地建设。深化农业科技成果转化和推广应用改革。加快发展现代农作物、畜禽、水产、林木种业，提升自主创新能力。高标准建设国家南繁育种基地。推进我国农机装备产业转型升级，加强科研机构、设备制造企业联合攻关，进一步提高大宗农作物机械国产化水平，加快研发经济作物、养殖业、丘陵山区农林机械，发展高端农机装备制造。优化农业从业者结构，加快建设知识型、技能型、创新型农业经营者队伍。大力发展数字农业，实施智慧农业林业水利工程，推进物联网试验示范和遥感技术应用。

(二) 实施质量兴农战略

制定和实施国家质量兴农战略规划，建立健全质量兴农评价体系、政策体系、工作体系和考核体系。深入推进农业绿色化、优质化、特色化、品牌化，调整优化农业生产力布局，推动农业由增产导向转向提质导向。推进特色农产品优势区创建，建设现代农业产业园、农业科技园。实施产业兴村强县行动，推行标准化生产，培育农产品品牌，保护地理标志农产品，打造一村一品、一县一业发展新格局。加快发展现代高效林业，实施兴林富民行动，推进森林生态标志产品建设工程。加强植物病虫害、动物疫病防控体系建设。优化养殖业空间布局，大力发展绿色生态健康养殖，做大做强民族奶业。统筹海洋渔业资源开发，科学布局近远海养殖和远洋渔业，建设现代化海洋牧场。建立产学研融合的农业科技创新联盟，加强农业绿色生态、提质增效技术研发应用。切实发挥农垦在质量兴农中的带动引领作用。实施食品安全战略，完善农产品质量和食品安全标准体系，加强农业投入品和农产品质量安全追溯体系建设，健全农产品质量和食品安全监管体制，重点提高基层监管能力。

(三) 构建农村一二三产业融合发展体系

大力开发农业多种功能，延长产业链、提升价值链、完善利益链，通过保底分红、股份合作、利润返还等多种形式，让农民合理分享全产业链增值收益。实施农产品加工业提升行动，鼓励企业兼并重组，淘汰落后产能，支持主产区农产品就地加工转化增值。重点解决农产品销售中的突出问题，加强农产品产后分级、包装、营销，建设现代化农产品冷链仓储物流体系，打造农产品销售公共服务平台，支持供销、邮政及各类企业把服务网点延伸到乡村，健全农产品产销稳定衔接机制，大力建设具有广泛性的促进农村电子商务发展的基础设施，鼓励支持各类市场主体创新发展基于互联网的新型农业产业模式，深入实施电子商务进农村综合示范，加快推进农村流通现代化。实施休闲农业和乡村旅游精品工程，建设一批设施完备、功能多样的休闲观光园区、森林人家、康养基地、乡村民宿、特色小镇。对利用闲置农房发展民宿、养老等项目，研究出台消防、特种行业经营等领域便利市场准入、加强事中事后监管的管理办法。发展乡村共享经济、创意农业、特色文化产业。

(四) 构建农业对外开放新格局

优化资源配置，着力节本增效，提高我国农产品国际竞争力。实施特色优势农产品出口提升行动，扩大高附加值农产品出口。建立健全我国农业贸易政策体系。深化与"一带一路"沿线国家和地区农产品贸易关系。积极支持农业走出去，培育具有国际竞争力的大粮商和农业企业集团。积极参与全球粮食安全治理和农业贸易规则制定，促进形成更加公平合理的农业国际贸易秩序。进一步加大农产品反走私综合治理力度。

(五) 促进小农户和现代农业发展有机衔接

统筹兼顾培育新型农业经营主体和扶持小农户，采取有针对性的措施，把小农生产引入现代农业发展轨道。培育各类专业化市场化服务组织，推进农业生产全程社会化服务，帮助小农户节本增效。发展多样化的联合与合作，提升小农户组织化程度。注重发挥新型农业经营主体带动作用，打造区域公用品牌，开展农超对接、农社对接，帮助小农户对接市场。扶持小农户发展生态农业、设施农业、体验农业、定制农业，提高产品档次和附加值，拓展增收空间。改善小农户生产设施条件，提升小农户抗风险能力。研究制定扶持小农生产的政策意见。

四、推进乡村绿色发展，打造人与自然和谐共生发展新格局

乡村振兴，生态宜居是关键。良好生态环境是农村最大优势和宝贵财富。必须尊重自然、顺应自然、保护自然，推动乡村自然资本加快增值，实现百姓富、生态美的统一。

（一）统筹山水林田湖草系统治理

把山水林田湖草作为一个生命共同体，进行统一保护、统一修复。实施重要生态系统保护和修复工程。健全耕地草原森林河流湖泊休养生息制度，分类有序退出超载的边际产能。扩大耕地轮作休耕制度试点。科学划定江河湖海限捕、禁捕区域，健全水生生态保护修复制度。实行水资源消耗总量和强度双控行动。开展河湖水系连通和农村河塘清淤整治，全面推行河长制、湖长制。加大农业水价综合改革工作力度。开展国土绿化行动，推进荒漠化、石漠化、水土流失综合治理。强化湿地保护和恢复，继续开展退耕还湿。完善天然林保护制度，把所有天然林都纳入保护范围。扩大退耕还林还草、退牧还草，建立成果巩固长效机制。继续实施三北防护林体系建设等林业重点工程，实施森林质量精准提升工程。继续实施草原生态保护补助奖励政策。实施生物多样性保护重大工程，有效防范外来生物入侵。

（二）加强农村突出环境问题综合治理

加强农业面源污染防治，开展农业绿色发展行动，实现投入品减量化、生产清洁化、废弃物资源化、产业模式生态化。推进有机肥替代化肥、畜禽粪污处理、农作物秸秆综合利用、废弃农膜回收、病虫害绿色防控。加强农村水环境治理和农村饮用水水源保护，实施农村生态清洁小流域建设。扩大华北地下水超采区综合治理范围。推进重金属污染耕地防控和修复，开展土

壤污染治理与修复技术应用试点，加大东北黑土地保护力度。实施流域环境和近岸海域综合治理。严禁工业和城镇污染向农业农村转移。加强农村环境监管能力建设，落实县乡两级农村环境保护主体责任。

（三）建立市场化多元化生态补偿机制

落实农业功能区制度，加大重点生态功能区转移支付力度，完善生态保护成效与资金分配挂钩的激励约束机制。鼓励地方在重点生态区位推行商品林赎买制度。健全地区间、流域上下游之间横向生态保护补偿机制，探索建立生态产品购买、森林碳汇等市场化补偿制度。建立长江流域重点水域禁捕补偿制度。推行生态建设和保护以工代赈做法，提供更多生态公益岗位。

（四）增加农业生态产品和服务供给

正确处理开发与保护的关系，运用现代科技和管理手段，将乡村生态优势转化为发展生态经济的优势，提供更多更好的绿色生态产品和服务，促进生态和经济良性循环。加快发展森林草原旅游、河湖湿地观光、冰雪海上运动、野生动物驯养观赏等产业，积极开发观光农业、游憩休闲、健康养生、生态教育等服务。创建一批特色生态旅游示范村镇和精品线路，打造绿色生态环保的乡村生态旅游产业链。

五、繁荣兴盛农村文化，焕发乡风文明新气象

乡村振兴，乡风文明是保障。必须坚持物质文明和精神文明一起抓，提升农民精神风貌，培育文明乡风、良好家风、淳朴民风，不断提高乡村社会文明程度。

（一）加强农村思想道德建设

以社会主义核心价值观为引领，坚持教育引导、实践养成、制度保障三管齐下，采取符合农村特点的有效方式，深化中国特色社会主义和中国梦宣传教育，大力弘扬民族精神和时代精神。加强爱国主义、集体主义、社会主义教育，深化民族团结进步教育，加强农村思想文化阵地建设。深入实施公民道德建设工程，挖掘农村传统道德教育资源，推进社会公德、职业道德、

家庭美德、个人品德建设。推进诚信建设，强化农民的社会责任意识、规则意识、集体意识、主人翁意识。

(二) 传承发展提升农村优秀传统文化

立足乡村文明，吸取城市文明及外来文化优秀成果，在保护传承的基础上，创造性转化、创新性发展，不断赋予时代内涵、丰富表现形式。切实保护好优秀农耕文化遗产，推动优秀农耕文化遗产合理适度利用。深入挖掘农耕文化蕴含的优秀思想观念、人文精神、道德规范，充分发挥其在凝聚人心、教化群众、淳化民风中的重要作用。划定乡村建设的历史文化保护线，保护好文物古迹、传统村落、民族村寨、传统建筑、农业遗迹、灌溉工程遗产。支持农村地区优秀戏曲曲艺、少数民族文化、民间文化等传承发展。

(三) 加强农村公共文化建设

按照有标准、有网络、有内容、有人才的要求，健全乡村公共文化服务体系。发挥县级公共文化机构辐射作用，推进基层综合性文化服务中心建设，实现乡村两级公共文化服务全覆盖，提升服务效能。深入推进文化惠民，公共文化资源要重点向乡村倾斜，提供更多更好的农村公共文化产品和服务。支持"三农"题材文艺创作生产，鼓励文艺工作者不断推出反映农民生产生活尤其是乡村振兴实践的优秀文艺作品，充分展示新时代农村农民的精神面貌。培育挖掘乡土文化本土人才，开展文化结对帮扶，引导社会各界人士投身乡村文化建设。活跃繁荣农村文化市场，丰富农村文化业态，加强农村文化市场监管。

(四) 开展移风易俗行动

广泛开展文明村镇、星级文明户、文明家庭等群众性精神文明创建活动。遏制大操大办、厚葬薄养、人情攀比等陈规陋习。加强无神论宣传教育，丰富农民群众精神文化生活，抵制封建迷信活动。深化农村殡葬改革。加强农村科普工作，提高农民科学文化素养。

六、加强农村基层基础工作，构建乡村治理新体系

乡村振兴，治理有效是基础。必须把夯实基层基础作为固本之策，建立

健全党委领导、政府负责、社会协同、公众参与、法治保障的现代乡村社会治理体制,坚持自治、法治、德治相结合,确保乡村社会充满活力、和谐有序。

(一) 加强农村基层党组织建设

扎实推进抓党建促乡村振兴,突出政治功能,提升组织力,抓乡促村,把农村基层党组织建成坚强战斗堡垒。强化农村基层党组织领导核心地位,创新组织设置和活动方式,持续整顿软弱涣散村党组织,稳妥有序开展不合格党员处置工作,着力引导农村党员发挥先锋模范作用。建立选派第一书记工作长效机制,全面向贫困村、软弱涣散村和集体经济薄弱村党组织派出第一书记。实施农村带头人队伍整体优化提升行动,注重吸引高校毕业生、农民工、机关企事业单位优秀党员干部到村任职,选优配强村党组织书记。健全从优秀村党组织书记中选拔乡镇领导干部、考录乡镇机关公务员、招聘乡镇事业编制人员制度。加大在优秀青年农民中发展党员力度。建立农村党员定期培训制度。全面落实村级组织运转经费保障政策。推行村级小微权力清单制度,加大基层小微权力腐败惩处力度。严厉整治惠农补贴、集体资产管理、土地征收等领域侵害农民利益的不正之风和腐败问题。

(二) 深化村民自治实践

坚持自治为基,加强农村群众性自治组织建设,健全和创新村党组织领导的充满活力的村民自治机制。推动村党组织书记通过选举担任村委会主任。发挥自治章程、村规民约的积极作用。全面建立健全村务监督委员会,推行村级事务阳光工程。依托村民会议、村民代表会议、村民议事会、村民理事会、村民监事会等,形成民事民议、民事民办、民事民管的多层次基层协商格局。积极发挥新乡贤作用。推动乡村治理重心下移,尽可能把资源、服务、管理下放到基层。继续开展以村民小组或自然村为基本单元的村民自治试点工作。加强农村社区治理创新。创新基层管理体制机制,整合优化公共服务和行政审批职责,打造"一门式办理""一站式服务"的综合服务平台。在村庄普遍建立网上服务站点,逐步形成完善的乡村便民服务体系。大力培育服务性、公益性、互助性农村社会组织,积极发展农村社会工作和志愿服务。集中清理上级对村级组织考核评比多、创建达标多、检查督查多等突出问题。维护村民委员会、农村集体经济组织、农村合作经济组织的特别法人地位和权利。

(三) 建设法治乡村

坚持法治为本，树立依法治理理念，强化法律在维护农民权益、规范市场运行、农业支持保护、生态环境治理、化解农村社会矛盾等方面的权威地位。增强基层干部法治观念、法治为民意识，将政府涉农各项工作纳入法治化轨道。深入推进综合行政执法改革向基层延伸，创新监管方式，推动执法队伍整合、执法力量下沉，提高执法能力和水平。建立健全乡村调解、县市仲裁、司法保障的农村土地承包经营纠纷调处机制。加大农村普法力度，提高农民法治素养，引导广大农民增强尊法学法守法用法意识。健全农村公共法律服务体系，加强对农民的法律援助和司法救助。

(四) 提升乡村德治水平

深入挖掘乡村熟人社会蕴含的道德规范，结合时代要求进行创新，强化道德教化作用，引导农民向上向善、孝老爱亲、重义守信、勤俭持家。建立道德激励约束机制，引导农民自我管理、自我教育、自我服务、自我提高，实现家庭和睦、邻里和谐、干群融洽。广泛开展好媳妇、好儿女、好公婆等评选表彰活动，开展寻找最美乡村教师、医生、村官、家庭等活动。深入宣传道德模范、身边好人的典型事迹，弘扬真善美，传播正能量。

(五) 建设平安乡村

健全落实社会治安综合治理领导责任制，大力推进农村社会治安防控体系建设，推动社会治安防控力量下沉。深入开展扫黑除恶专项斗争，严厉打击农村黑恶势力、宗族恶势力，严厉打击黄赌毒盗拐骗等违法犯罪。依法加大对农村非法宗教活动和境外渗透活动打击力度，依法制止利用宗教干预农村公共事务，继续整治农村乱建庙宇、滥塑宗教造像。完善县乡村三级综治中心功能和运行机制。健全农村公共安全体系，持续开展农村安全隐患治理。加强农村警务、消防、安全生产工作，坚决遏制重特大安全事故。探索以网格化管理为抓手、以现代信息技术为支撑，实现基层服务和管理精细化精准化。推进农村"雪亮工程"建设。

七、提高农村民生保障水平，塑造美丽乡村新风貌

乡村振兴，生活富裕是根本。要坚持人人尽责、人人享有，按照抓重点、补短板、强弱项的要求，围绕农民群众最关心最直接最现实的利益问题，一件事情接着一件事情办，一年接着一年干，把乡村建设成为幸福美丽新家园。

（一）优先发展农村教育事业

高度重视发展农村义务教育，推动建立以城带乡、整体推进、城乡一体、均衡发展的义务教育发展机制。全面改善薄弱学校基本办学条件，加强寄宿制学校建设。实施农村义务教育学生营养改善计划。发展农村学前教育。推进农村普及高中阶段教育，支持教育基础薄弱县普通高中建设，加强职业教育，逐步分类推进中等职业教育免除学杂费。健全学生资助制度，使绝大多数农村新增劳动力接受高中阶段教育、更多接受高等教育。把农村需要的人群纳入特殊教育体系。以市县为单位，推动优质学校辐射农村薄弱学校常态化。统筹配置城乡师资，并向乡村倾斜，建好建强乡村教师队伍。

（二）促进农村劳动力转移就业和农民增收

健全覆盖城乡的公共就业服务体系，大规模开展职业技能培训，促进农民工多渠道转移就业，提高就业质量。深化户籍制度改革，促进有条件、有意愿、在城镇有稳定就业和住所的农业转移人口在城镇有序落户，依法平等享受城镇公共服务。加强扶持引导服务，实施乡村就业创业促进行动，大力发展文化、科技、旅游、生态等乡村特色产业，振兴传统工艺。培育一批家庭工场、手工作坊、乡村车间，鼓励在乡村地区兴办环境友好型企业，实现乡村经济多元化，提供更多就业岗位。拓宽农民增收渠道，鼓励农民勤劳守法致富，增加农村低收入者收入，扩大农村中等收入群体，保持农村居民收入增速快于城镇居民。

(三) 推动农村基础设施提档升级

继续把基础设施建设重点放在农村,加快农村公路、供水、供气、环保、电网、物流、信息、广播电视等基础设施建设,推动城乡基础设施互联互通。以示范县为载体全面推进"四好农村路"建设,加快实施通村组硬化路建设。加大成品油消费税转移支付资金用于农村公路养护力度。推进节水供水重大水利工程,实施农村饮水安全巩固提升工程。加快新一轮农村电网改造升级,制定农村通动力电规划,推进农村可再生能源开发利用。实施数字乡村战略,做好整体规划设计,加快农村地区宽带网络和第四代移动通信网络覆盖步伐,开发适应"三农"特点的信息技术、产品、应用和服务,推动远程医疗、远程教育等应用普及,弥合城乡数字鸿沟。提升气象为农服务能力。加强农村防灾减灾救灾能力建设。抓紧研究提出深化农村公共基础设施管护体制改革指导意见。

(四) 加强农村社会保障体系建设

完善统一的城乡居民基本医疗保险制度和大病保险制度,做好农民重特大疾病救助工作。巩固城乡居民医保全国异地就医联网直接结算。完善城乡居民基本养老保险制度,建立城乡居民基本养老保险待遇确定和基础养老金标准正常调整机制。统筹城乡社会救助体系,完善最低生活保障制度,做好农村社会救助兜底工作。将进城落户农业转移人口全部纳入城镇住房保障体系。构建多层次农村养老保障体系,创新多元化照料服务模式。健全农村留守儿童和妇女、老年人以及困境儿童关爱服务体系。加强和改善农村残疾人服务。

(五) 推进健康乡村建设

强化农村公共卫生服务,加强慢性病综合防控,大力推进农村地区精神卫生、职业病和重大传染病防治。完善基本公共卫生服务项目补助政策,加强基层医疗卫生服务体系建设,支持乡镇卫生院和村卫生室改善条件。加强乡村中医药服务。开展和规范家庭医生签约服务,加强妇幼、老人、残疾人等重点人群健康服务。倡导优生优育。深入开展乡村爱国卫生运动。

(六) 持续改善农村人居环境

实施农村人居环境整治三年行动计划，以农村垃圾、污水治理和村容村貌提升为主攻方向，整合各种资源，强化各种举措，稳步有序推进农村人居环境突出问题治理。坚持不懈推进农村"厕所革命"，大力开展农村户用卫生厕所建设和改造，同步实施粪污治理，加快实现农村无害化卫生厕所全覆盖，努力补齐影响农民群众生活品质的短板。总结推广适用不同地区的农村污水治理模式，加强技术支撑和指导。深入推进农村环境综合整治。推进北方地区农村散煤替代，有条件的地方有序推进煤改气、煤改电和新能源利用。逐步建立农村低收入群体安全住房保障机制。强化新建农房规划管控，加强"空心村"服务管理和改造。保护保留乡村风貌，开展田园建筑示范，培养乡村传统建筑名匠。实施乡村绿化行动，全面保护古树名木。持续推进宜居宜业的美丽乡村建设。

八、打好精准脱贫攻坚战，增强贫困群众获得感

乡村振兴，摆脱贫困是前提。必须坚持精准扶贫、精准脱贫，把提高脱贫质量放在首位，既不降低扶贫标准，也不吊高胃口，采取更加有力的举措、更加集中的支持、更加精细的工作，坚决打好精准脱贫这场对全面建成小康社会具有决定性意义的攻坚战。

(一) 瞄准贫困人口精准帮扶

对有劳动能力的贫困人口，强化产业和就业扶持，着力做好产销衔接、劳务对接，实现稳定脱贫。有序推进易地扶贫搬迁，让搬迁群众搬得出、稳得住、能致富。对完全或部分丧失劳动能力的特殊贫困人口，综合实施保障性扶贫政策，确保病有所医、残有所助、生活有兜底。做好农村最低生活保障工作的动态化精细化管理，把符合条件的贫困人口全部纳入保障范围。

(二) 聚焦深度贫困地区集中发力

全面改善贫困地区生产生活条件，确保实现贫困地区基本公共服务主要指标接近全国平均水平。以解决突出制约问题为重点，以重大扶贫工程和到

村到户帮扶为抓手，加大政策倾斜和扶贫资金整合力度，着力改善深度贫困地区发展条件，增强贫困农户发展能力，重点攻克深度贫困地区脱贫任务。新增脱贫攻坚资金项目主要投向深度贫困地区，增加金融投入对深度贫困地区的支持，新增建设用地指标优先保障深度贫困地区发展用地需要。

（三）激发贫困人口内生动力

把扶贫同扶志、扶智结合起来，把救急纾困和内生脱贫结合起来，提升贫困群众发展生产和务工经商的基本技能，实现可持续稳固脱贫。引导贫困群众克服等靠要思想，逐步消除精神贫困。要打破贫困均衡，促进形成自强自立、争先脱贫的精神风貌。改进帮扶方式方法，更多采用生产奖补、劳务补助、以工代赈等机制，推动贫困群众通过自己的辛勤劳动脱贫致富。

（四）强化脱贫攻坚责任和监督

坚持中央统筹省负总责市县抓落实的工作机制，强化党政一把手负总责的责任制。强化县级党委作为全县脱贫攻坚总指挥部的关键作用，脱贫攻坚期内贫困县县级党政正职要保持稳定。开展扶贫领域腐败和作风问题专项治理，切实加强扶贫资金管理，对挪用和贪污扶贫款项的行为严惩不贷。将2018年作为脱贫攻坚作风建设年，集中力量解决突出作风问题。科学确定脱贫摘帽时间，对弄虚作假、搞数字脱贫的严肃查处。完善扶贫督查巡查、考核评估办法，除党中央、国务院统一部署外，各部门一律不准再组织其他检查考评。严格控制各地开展增加一线扶贫干部负担的各类检查考评，切实给基层减轻工作负担。关心爱护战斗在扶贫第一线的基层干部，制定激励政策，为他们工作生活排忧解难，保护和调动他们的工作积极性。做好实施乡村振兴战略与打好精准脱贫攻坚战的有机衔接。制定坚决打好精准脱贫攻坚战三年行动指导意见。研究提出持续减贫的意见。

九、推进体制机制创新，强化乡村振兴制度性供给

实施乡村振兴战略，必须把制度建设贯穿其中。要以完善产权制度和要素市场化配置为重点，激活主体、激活要素、激活市场，着力增强改革的系统性、整体性、协同性。

（一）巩固和完善农村基本经营制度

落实农村土地承包关系稳定并长久不变政策，衔接落实好第二轮土地承包到期后再延长30年的政策，让农民吃上长效"定心丸"。全面完成土地承包经营权确权登记颁证工作，实现承包土地信息联通共享。完善农村承包地"三权分置"制度，在依法保护集体土地所有权和农户承包权前提下，平等保护土地经营权。农村承包土地经营权可以依法向金融机构融资担保、入股从事农业产业化经营。实施新型农业经营主体培育工程，培育发展家庭农场、合作社、龙头企业、社会化服务组织和农业产业化联合体，发展多种形式适度规模经营。

（二）深化农村土地制度改革

系统总结农村土地征收、集体经营性建设用地入市、宅基地制度改革试点经验，逐步扩大试点，加快土地管理法修改，完善农村土地利用管理政策体系。扎实推进房地一体的农村集体建设用地和宅基地使用权确权登记颁证。完善农民闲置宅基地和闲置农房政策，探索宅基地所有权、资格权、使用权"三权分置"，落实宅基地集体所有权，保障宅基地农户资格权和农民房屋财产权，适度放活宅基地和农民房屋使用权，不得违规违法买卖宅基地，严格实行土地用途管制，严格禁止下乡利用农村宅基地建设别墅大院和私人会馆。在符合土地利用总体规划前提下，允许县级政府通过村土地利用规划，调整优化村庄用地布局，有效利用农村零星分散的存量建设用地；预留部分规划建设用地指标用于单独选址的农业设施和休闲旅游设施等建设。对利用收储农村闲置建设用地发展农村新产业新业态的，给予新增建设用地指标奖励。进一步完善设施农用地政策。

（三）深入推进农村集体产权制度改革

全面开展农村集体资产清产核资、集体成员身份确认，加快推进集体经营性资产股份合作制改革。推动资源变资产、资金变股金、农民变股东，探索农村集体经济新的实现形式和运行机制。坚持农村集体产权制度改革正确方向，发挥村党组织对集体经济组织的领导核心作用，防止内部少数人控制和外部资本侵占集体资产。维护进城落户农民土地承包权、宅基地使用权、集体收益分配权，引导进城落户农民依法自愿有偿转让上述权益。研究制定农村集体经济组织法，充实农村集体产权权能。全面深化供销合作社综合改革，深入推进集体林权、水利设施产权等领域改革，做好农村综合改革、农村改革试验区等工作。

(四) 完善农业支持保护制度

以提升农业质量效益和竞争力为目标，强化绿色生态导向，创新完善政策工具和手段，扩大"绿箱"政策的实施范围和规模，加快建立新型农业支持保护政策体系。深化农产品收储制度和价格形成机制改革，加快培育多元市场购销主体，改革完善中央储备粮管理体制。通过完善拍卖机制、定向销售、包干销售等，加快消化政策性粮食库存。落实和完善对农民直接补贴制度，提高补贴效能。健全粮食主产区利益补偿机制。探索开展稻谷、小麦、玉米三大粮食作物完全成本保险和收入保险试点，加快建立多层次农业保险体系。

十、汇聚全社会力量，强化乡村振兴人才支撑

实施乡村振兴战略，必须破解人才瓶颈制约。要把人力资本开发放在首要位置，畅通智力、技术、管理下乡通道，造就更多乡土人才，聚天下人才而用之。

(一) 大力培育新型职业农民

全面建立职业农民制度，完善配套政策体系。实施新型职业农民培育工程。支持新型职业农民通过弹性学制参加中高等农业职业教育。创新培训机制，支持农民专业合作社、专业技术协会、龙头企业等主体承担培训。引导符合条件的新型职业农民参加城镇职工养老、医疗等社会保障制度。鼓励各地开展职业农民职称评定试点。

(二) 加强农村专业人才队伍建设

建立县域专业人才统筹使用制度，提高农村专业人才服务保障能力。推

动人才管理职能部门简政放权，保障和落实基层用人主体自主权。推行乡村教师"县管校聘"。实施好边远贫困地区、边疆民族地区和革命老区人才支持计划，继续实施"三支一扶"、特岗教师计划等，组织实施高校毕业生基层成长计划。支持地方高等学校、职业院校综合利用教育培训资源，灵活设置专业（方向），创新人才培养模式，为乡村振兴培养专业化人才。扶持培养一批农业职业经理人、经纪人、乡村工匠、文化能人、非遗传承人等。

（三）发挥科技人才支撑作用

全面建立高等院校、科研院所等事业单位专业技术人员到乡村和企业挂职、兼职和离岗创新创业制度，保障其在职称评定、工资福利、社会保障等方面的权益。深入实施农业科研杰出人才计划和杰出青年农业科学家项目。健全种业等领域科研人员以知识产权明晰为基础、以知识价值为导向的分配政策。探索公益性和经营性农技推广融合发展机制，允许农技人员通过提供增值服务合理取酬。全面实施农技推广服务特聘计划。

（四）鼓励社会各界投身乡村建设

建立有效激励机制，以乡情乡愁为纽带，吸引支持企业家、党政干部、专家学者、医生教师、规划师、建筑师、律师、技能人才等，通过下乡担任志愿者、投资兴业、包村包项目、行医办学、捐资捐物、法律服务等方式服务乡村振兴事业。研究制定管理办法，允许符合要求的公职人员回乡任职。吸引更多人才投身现代农业，培养造就新农民。加快制定鼓励引导工商资本参与乡村振兴的指导意见，落实和完善融资贷款、配套设施建设补助、税费减免、用地等扶持政策，明确政策边界，保护好农民利益。发挥工会、共青团、妇联、科协、残联等群团组织的优势和力量，发挥各民主党派、工商联、无党派人士等积极作用，支持农村产业发展、生态环境保护、乡风文明建设、农村弱势群体关爱等。实施乡村振兴"巾帼行动"。加强对下乡组织和人员的管理服务，使之成为乡村振兴的建设性力量。

（五）创新乡村人才培育引进使用机制

建立自主培养与人才引进相结合，学历教育、技能培训、实践锻炼等多种方式并举的人力资源开发机制。建立城乡、区域、校地之间人才培养合作与交流机制。全面建立城市医生教师、科技文化人员等定期服务乡村机制。研究制定鼓励城市专业人才参与乡村振兴的政策。

十一、开拓投融资渠道，强化乡村振兴投入保障

实施乡村振兴战略，必须解决钱从哪里来的问题。要健全投入保障制度，创新投融资机制，加快形成财政优先保障、金融重点倾斜、社会积极参与的多元投入格局，确保投入力度不断增强、总量持续增加。

（一）确保财政投入持续增长

建立健全实施乡村振兴战略财政投入保障制度，公共财政更大力度向"三农"倾斜，确保财政投入与乡村振兴目标任务相适应。优化财政供给结构，推进行业内资金整合与行业间资金统筹相互衔接配合，增加地方自主统筹空间，加快建立涉农资金统筹整合长效机制。充分发挥财政资金的引导作用，撬动金融和社会资本更多投向乡村振兴。切实发挥全国农业信贷担保体系作用，通过财政担保费率补助和以奖代补等，加大对新型农业经营主体支持力度。加快设立国家融资担保基金，强化担保融资增信功能，引导更多金融资源支持乡村振兴。支持地方政府发行一般债券用于支持乡村振兴、脱贫攻坚领域的公益性项目。稳步推进地方政府专项债券管理改革，鼓励地方政府试点发行项目融资和收益自平衡的专项债券，支持符合条件、有一定收益的乡村公益性项目建设。规范地方政府举债融资行为，不得借乡村振兴之名违法违规变相举债。

（二）拓宽资金筹集渠道

调整完善土地出让收入使用范围，进一步提高农业农村投入比例。严格控制未利用地开垦，集中力量推进高标准农田建设。改进耕地占补平衡管理办法，建立高标准农田建设等新增耕地指标和城乡建设用地增减挂钩节余指标跨省域调剂机制，将所得收益通过支出预算全部用于巩固脱贫攻坚成果和支持实施乡村振兴战略。推广一事一议、以奖代补等方式，鼓励农民对直接受益的乡村基础设施建设投工投劳，让农民更多参与建设管护。

(三) 提高金融服务水平

坚持农村金融改革发展的正确方向，健全适合农业农村特点的农村金融体系，推动农村金融机构回归本源，把更多金融资源配置到农村经济社会发展的重点领域和薄弱环节，更好满足乡村振兴多样化金融需求。要强化金融服务方式创新，防止脱实向虚倾向，严格管控风险，提高金融服务乡村振兴能力和水平。抓紧出台金融服务乡村振兴的指导意见。加大中国农业银行、中国邮政储蓄银行"三农"金融事业部对乡村振兴支持力度。明确国家开发银行、中国农业发展银行在乡村振兴中的职责定位，强化金融服务方式创新，加大对乡村振兴中长期信贷支持。推动农村信用社省联社改革，保持农村信用社县域法人地位和数量总体稳定，完善村镇银行准入条件，地方法人金融机构要服务好乡村振兴。普惠金融重点要放在乡村。推动出台非存款类放贷组织条例。制定金融机构服务乡村振兴考核评估办法。支持符合条件的涉农企业发行上市、新三板挂牌和融资、并购重组，深入推进农产品期货期权市场建设，稳步扩大"保险+期货"试点，探索"订单农业+保险+期货（权）"试点。改进农村金融差异化监管体系，强化地方政府金融风险防范处置责任。

十二、坚持和完善党对"三农"工作的领导

实施乡村振兴战略是党和国家的重大决策部署，各级党委和政府要提高对实施乡村振兴战略重大意义的认识，真正把实施乡村振兴战略摆在优先位置，把党管农村工作的要求落到实处。

(一) 完善党的农村工作领导体制机制

各级党委和政府要坚持工业农业一起抓、城市农村一起抓，把农业农村优先发展原则体现到各个方面。健全党委统一领导、政府负责、党委农村工作部门统筹协调的农村工作领导体制。建立实施乡村振兴战略领导责任制，实行中央统筹省负总责市县抓落实的工作机制。党政一把手是第一责任人，五级书记抓乡村振兴。县委书记要下大气力抓好"三农"工作，当好乡村振兴"一线总指挥"。各部门要按照职责，加强工作指导，强化资源要素支持

和制度供给,做好协同配合,形成乡村振兴工作合力。切实加强各级党委农村工作部门建设,按照《中国共产党工作机关条例(试行)》有关规定,做好党的农村工作机构设置和人员配置工作,充分发挥决策参谋、统筹协调、政策指导、推动落实、督导检查等职能。各省(自治区、直辖市)党委和政府每年要向党中央、国务院报告推进实施乡村振兴战略进展情况。建立市县党政领导班子和领导干部推进乡村振兴战略的实绩考核制度,将考核结果作为选拔任用领导干部的重要依据。

(二)研究制定中国共产党农村工作条例

根据坚持党对一切工作的领导的要求和新时代"三农"工作新形势新任务新要求,研究制定中国共产党农村工作条例,把党领导农村工作的传统、要求、政策等以党内法规形式确定下来,明确加强对农村工作领导的指导思想、原则要求、工作范围和对象、主要任务、机构职责、队伍建设等,完善领导体制和工作机制,确保乡村振兴战略有效实施。

(三)加强"三农"工作队伍建设

把懂农业、爱农村、爱农民作为基本要求,加强"三农"工作干部队伍培养、配备、管理、使用。各级党委和政府主要领导干部要懂"三农"工作、会抓"三农"工作,分管领导要真正成为"三农"工作行家里手。制定并实施培训计划,全面提升"三农"干部队伍能力和水平。拓宽县级"三农"工作部门和乡镇干部来源渠道。把到农村一线工作锻炼作为培养干部的重要途径,注重提拔使用实绩优秀的干部,形成人才向农村基层一线流动的用人导向。

(四)强化乡村振兴规划引领

制定国家乡村振兴战略规划(2018~2022年),分别明确至2020年全面建成小康社会和2022年召开党的二十大时的目标任务,细化实化工作重点和政策措施,部署若干重大工程、重大计划、重大行动。各地区各部门要编制乡村振兴地方规划和专项规划或方案。加强各类规划的统筹管理和系统衔接,形成城乡融合、区域一体、多规合一的规划体系。根据发展现状和需要分类有序推进乡村振兴，对具备条件的村庄，要加快推进城镇基础设施和公共服务向农村延伸；对自然历史文化资源丰富的村庄，要统筹兼顾保护与发展；对生存条件恶劣、生态环境脆弱的村庄，要加大力度实施生态移民搬迁。

（五）强化乡村振兴法治保障

抓紧研究制定乡村振兴法的有关工作，把行之有效的乡村振兴政策法定化，充分发挥立法在乡村振兴中的保障和推动作用。及时修改和废止不适应的法律法规。推进粮食安全保障立法。各地可以从本地乡村发展实际需要出发，制定促进乡村振兴的地方性法规、地方政府规章。加强乡村统计工作和数据开发应用。

（六）营造乡村振兴良好氛围

凝聚全党全国全社会振兴乡村强大合力，宣传党的乡村振兴方针政策和各地丰富实践，振奋基层干部群众精神。建立乡村振兴专家决策咨询制度，组织智库加强理论研究。促进乡村振兴国际交流合作，讲好乡村振兴中国故事，为世界贡献中国智慧和中国方案。

让我们更加紧密地团结在以习近平同志为核心的党中央周围，高举中国特色社会主义伟大旗帜，以习近平新时代中国特色社会主义思想为指导，迎难而上、埋头苦干、开拓进取，为决胜全面建成小康社会、夺取新时代中国特色社会主义伟大胜利作出新的贡献！